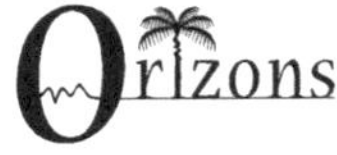

Daniel Cohen éditeur
www.editionsorizons.fr

Universités

Collection dirigée par Peter Schnyder
www.orizons-universites.com

Conseillers scientifiques : Jacqueline Bel – Université du Littoral – Côte d'Opale – Boulogne-sur-Mer • Peter André Bloch – Université de Haute-Alsace – Mulhouse • Jean Bollack – Paris • Jad Hatem – Université Saint-Joseph – Beyrouth • Éric Marty – Université de Paris 7 • Jean-Pierre Thomas – Université York – Toronto – Ontario • Erika Tunner – Université de Paris 12.

La collection « Universités / Domaine littéraire » poursuit les buts suivants : *favoriser* la recherche universitaire et académique de qualité ; *valoriser* cette recherche par la publication régulière d'ouvrages ; *permettre* à des spécialistes, qu'ils soient chercheurs reconnus ou jeunes docteurs, de développer leurs points de vue ; *mettre* à portée de la main du public intéressé de grandes synthèses sur des thématiques littéraires générales.

Elle cherche à *accroître* l'échange des idées dans le domaine de la critique littéraire ; *promouvoir* la connaissance des écrivains anciens et modernes ; *familiariser* le public avec des auteurs peu connus ou pas encore connus.

La finalité de sa démarche est de contribuer à *dynamiser* la réflexion sur les littératures européennes et ainsi *témoigner* de la vitalité du domaine littéraire et de la transmission des savoirs.

ISBN : 978-2-296-08820-7
© Orizons, Paris, 2012

Rudolf Steiner artiste et enseignant

L'art de la transmission

Cet ouvrage est publié avec les concours de l'Université de Nanterre, Centre de recherches d'Histoire de l'Art et d'Histoire des Représentations (CHAHR) et de la Stiftung Evidenz, Arlesheim.

Qu'ils soient sincèrement remerciés.

Nous remercions également la Rudolf Steiner Nachlassverwaltung de Dornach pour le prêt gracieux des illustrations.

Mes remerciements s'adressent enfin plus particulièrement à Christof Wiechert et Rolf Kerler (Stiftung Evidenz), Uwe Werner et Walter Kugler (des archives du Goethéanum), ainsi qu'à Thierry Dufrêne, Geneviève Gay et Bruno Gaillard pour leur soutien, leurs travaux de relecture et leurs précieux conseils.

Céline Gaillard

Rudolf Steiner
artiste et enseignant
L'art de la transmission

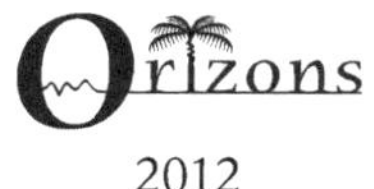

2012

Universités

• Sous la direction de PETER SCHNYDER :

L'Homme-livre. Des hommes et des livres – de l'Antiquité au XXe siècle, 2007.

Temps et Roman. Évolutions de la temporalité dans le roman européen du XXe siècle, 2007.

Métamorphoses du mythe. Réécritures anciennes et modernes des mythes antiques, 2008.

• Sous la direction d'ANNE BANDRY-SCUBBI :

Éducation – Culture – Littérature, 2008.

• Sous la direction de TANIA COLLANI et de PETER SCHNYDER :

Seuils et Rites, Littérature et Culture, 2009.

Critique littéraire et littérature européenne, 2010.

• Sous la direction de LUC FRAISSE, DE GILBERT SCHRENCK ET DE MICHEL STANESCO† :

Tradition et modernité en Littérature, 2009.

• Sous la direction de GEORGES FRÉDÉRIC MANCHE :

Désirs énigmatiques, Attirances combattues, Répulsions douloureuses, Dédains fabriqués, 2009.

• Sous la direction d'ÉRIC LYSØE : *Signes de feu,* 2009.

• Sous la direction de GRETA KOMUR-THILLOY :

Presse écrite et discours rapporté, Théorie et pratique, 2009.

• Sous la direction de RÉGINE BATTISTON et PHILIPPE WEIGEL :

Autour de Serge Doubrovsky, 2010.

• Sous la direction d'ENRICO MONTI et PETER SCHNYDER :

Autour de la retraduction, 2011.

• Sous la direction de PASCALE TRÉVISIOL-OKAMURA et GRETA KOMUR-THILLOY :

Discours, aquisition et didactique des langues, 2011.

• ANNE PROUTEAU, *Albert Camus ou le présent impérissable,* 2008.

• ROBERTO POMA, *Magie et guérison,* 2009.

• FRÉDÉRIQUE TOUDOIRE-SURLAPIERRE – NICOLAS SURLAPIERRE, *Edvard Munch – Francis Bacon, images du corps,* 2009.

• MICHEL AROUIMI, *Arthur Rimbaud à la lumière de C.F. Ramuz et d'Henry Bosco,* 2009.

- François Labbé, *Querelle du français à Berlin avant la Révolution française,* 2009.
- Gianfranco Stroppini de Focara, *L'amour chez Virgile : Les Bucoliques,* 2009.
- Greta Komur-Thilloy, *Presse écrite et discours rapporté,* 2009.
- Régine Battiston, *Lectures de l'identité narrative,* 2009.
- Radu Ciobotea, *Le mot vécu,* 2010.
- Nayla Tamraz, *Proust Portrait Peinture,* 2010.
- Philippe Wellnitz, *Botho Strauß en dialogue avec le théâtre,* 2010.
- François Labbé, *Berlin, le Paris de l'Allemagne ?,* 2011.
- Hadj Dahmane, *Le Théâtre algérien,* 2011.
- Céline Gaillard, *Rudolf Steiner artiste et enseignant, l'art de la transmission,* 2012.
- Justine Legrand, *André Gide : de la perversion au genre sexuel,* 2012.
- Marc Logoz, *Charles-Albert Cingria, entre origine et création,* 2012.

Série « Culture des médias » dirigée par Anne Réach-Ngô

- Sous la direction de Anne Réach-Ngô et Gilles Polizzi : *Le livre « produit culturel ? »*, 2012.

Série « Des textes et des lieux »
dirigée par Aurélie Choné et Philippe Hamman

- Sous la direction d'Aurélie Choné : *Villes invisibles et écritures de la modernité*, 2012.

D'autres titres sont en préparation.

Préface

Ne pas dissocier en Rudolf Steiner (1861-1925) l'artiste et le pédagogue, créateur de la première école Waldorf en 1919, c'est l'idée-force de Céline Durand-Gaillard, qui associe d'ailleurs sa pratique d'enseignante des écoles Steiner-Waldorf et sa recherche en tant qu'historienne de l'art — clé de voûte de son étude sur Rudolf Steiner.

Ce livre, issu d'une thèse de doctorat et tout à l'image de son auteure, généreuse et soucieuse d'expliciter la vision programmatique de l'anthroposophie tout en mettant en évidence le contexte et les collaborations dont elle a bénéficié, développe cette conception.

Il vient combler une lacune dans l'historiographie en langue française, notamment en ce qui concerne l'étude du développement, en pleine première Guerre Mondiale, et au moment où l'on s'apprête à en commémorer le centième anniversaire, d'un mouvement social et artistique (1913-1920) qui s'incarne dans un bâtiment étonnant : le Goethéanum de Dornach (en Suisse).

Fondé sur l'étude des 1200 « dessins au tableau noir » réalisés par Rudolf Steiner entre 1919 et 1924 et conservés aux archives du Goethéanum, les cycles de conférences de Rudolf Steiner, la correspondance publiée d'Édouard Schuré et Marie Steiner von Sivers, les récits-souvenirs d'André Biély, d'Assia Turguenieff, de Margaritha Woloschin ou d'Édith Maryon, des artistes collaborateurs de Rudolf Steiner, l'ouvrage de Céline Durand-Gaillard prend toute sa pertinence alors que des expositions comme « Traces du sacré » au Centre Pompidou (2008) ont consacré Rudolf Steiner artiste et que les dessins au tableau des années 1920 font nécessairement penser à Josef Beuys, en démontrant que c'est bien par la créativité artistique que Steiner a le mieux uni sa vision d'artiste et sa conviction de pédagogue et de penseur.

Thierry Dufrêne,
Professeur d'histoire de l'art contemporain
(Université Paris Ouest Nanterre La Défense)
Adjoint au Directeur général de l'Institut national d'histoire de l'art
(INHA)

Introduction

Au début du XXe siècle, en Allemagne et en Suisse, une nouvelle dynamique pédagogique artistique, qui trouve des échos auprès de nombreux artistes contemporains en s'intéressant aux besoins sociaux de cette époque, émerge autour de la personne de Rudolf Steiner. De futures personnalités telles que Kandinsky, Klee et Beuys par exemple répondent, chacune à leur manière, à cet appel. Des lieux tels que Dornach, Murnau ou encore Weimar, permettent de rendre compte de façon vivante de l'émergence de cette nouvelle pensée. Cette étude aimerait contribuer à retracer cette histoire en choisissant pour fil rouge le thème central de la transmission qui voudrait transparaître jusque dans l'écriture pour démontrer, au-delà de la possibilité d'un enseignement artistique, un art d'enseigner.

La recherche biographique tient une place primordiale dans cette analyse puisqu'il s'agit de rester au plus proche du vécu des artistes. La traduction d'une grande partie des souvenirs d'André Biély, d'Assia Turguenieff, d'Édith Maryon et de Margaritha Woloschin, tous quatre artistes et proches collaborateurs de Steiner, a été nécessaire pour comprendre leurs impulsions artistiques, leur travail et leurs attentes mis en rapport avec la démarche pédagogique artistique de Rudolf Steiner qui vivait en étroite proximité avec les artistes avec lesquels il œuvrait.

Cette étude trouve son point de départ à Dornach en Suisse par la description du lieu et la volonté de contextualiser le processus de création en œuvre à Dornach pendant la Première Guerre mondiale où se côtoyaient artisans et artistes de plusieurs nationalités. Ce mélange détonnant suscita des échanges interculturels et sociétaux importants dans ces années de guerre et engagea une collaboration active entre les différents praticiens, architectes, sculpteurs, peintres et graveurs.

D'intéressantes observations peuvent être formulées, en particulier dans le champ multiculturel russo-allemand et dans les groupes de travail qui gravitaient autour de Kandinsky et de Klee à l'école du *Bauhaus*.

Intéressante également, l'observation du double mouvement qui nourrit à la fois la création personnelle et la vie artistique au sens large : arts plastiques, littérature, ballets, musique, jusqu'à l'art monumental (peinture murale) et à la composition scénique (pièces, ballets) qui étaient une manière de reconstruire et de recréer un espace par le moyen des formes et des couleurs. Les ateliers de textile, de bois, de métal, jouèrent également pleinement leur rôle par la création de prototypes qui, produits à l'échelle industrielle, trouvèrent leur place dans la vie quotidienne.

Klee fut un grand ami de Kandinsky. À Weimar et à Dessau où ils se trouvèrent réunis (Klee était engagé au *Bauhaus* depuis 1920), de nombreuses photos les montrent côte à côte et en particulier lorsqu'ils posent tous les deux à la manière de Goethe et Schiller sur le monument célèbre de Weimar. Cette amitié entre artistes créait une sorte de bouillon de culture favorable à une vie communautaire très active dans cette école. Les étudiants vivaient ainsi au quotidien dans un bain formateur et pouvaient s'imprégner d'une ambiance stimulante, propice à la création et à la réflexion.

Il s'agissait de remonter aux sources de l'art, l'art perçu comme un jeu (au sens de Schiller), une expérimentation qui conduit à la source des forces créatrices. C'était le motif qui transparaissait de manière récurrente dans ces diverses communautés d'artistes. Kandinsky se positionna en ce sens comme un précurseur avec son ouvrage *Du spirituel dans l'art,* paru en 1911.

En 1913, Steiner créa la Société anthroposophique et engagea aussitôt la construction du projet architectural du premier Goethéanum. Ce bâtiment était destiné dans sa conception générale et dans ses formes (chapiteaux sculptés, vitraux gravés, peintures des plafonds) à ouvrir la porte du monde spirituel à ceux qui le cherchaient.

La construction du premier Goethéanum fut un vaste chantier-atelier à l'intérieur duquel artistes et débutants pouvaient pratiquer un art collectif, innover, rechercher de nouvelles techniques et les expérimenter. C'était une œuvre à plusieurs niveaux, une œuvre visible qui disparut matériellement en 1923, mais qui prit une place réelle dans les consciences des artistes qui réfléchirent à une nouvelle construction sociale dans la seconde moitié du XXe siècle, comme en témoigne Beuys.

Les ateliers de Steiner étaient multiples ; on dénombrait entre autres le grand chantier du Goethéanum où il était le maître d'œuvre, son propre atelier dans la menuiserie où il sculpta la grande statue en bois du Représentant de l'Humanité avec Édith Maryon, et enfin l'espace et le lieu (variés) de ses conférences où il appuyait ses paroles de dessins faits sur le vif. La surface noire du tableau et l'espace de la salle entraient en résonance avec les auditeurs-spectateurs pour un travail pédagogique de transmission où parole et graphisme étaient intimement liés.

La transmission beuysienne s'inscrit dans cette tradition — bien que Beuys déconstruise en quelque sorte la tradition steinerienne afin d'adapter la démarche à ses besoins. Impressionné par les sculptures de Lehmbruck et les impulsions humanistes de Steiner, Beuys s'occupe de sculpture sociale ; il prend pour matériau artistique le corps social en le travaillant à la manière d'un sculpteur : « La sculpture sociale correspond à cette idée. Je ne vois pas de meilleure possibilité de nos jours que de travailler avec l'idée de l'art, l'idée de créativité » (entretien avec le critique d'art hollandais Louwrien Wijers en 1979). Son activité pédagogique à l'Académie des Beaux-Arts de Düsseldorf fut pour lui très importante et son exclusion en 1972 vécue de manière dramatique. Son atelier dépassait largement les frontières de l'Académie de Düsseldorf puisqu'il trouvait sa place hors les murs, dans la société, là où les rencontres pouvaient concrètement avoir lieu : dans la nature ou en milieu urbain. L'engagement personnel de l'artiste et sa propre biographie devinrent un des matériaux de base de ses actions et performances, comme par exemple « La Pompe à miel ».

Ceux qui ont fréquenté Beuys de plus près, comme le maître verrier Udo Zembok, témoignent avec étonnement qu'il ne se référait pas explicitement à l'enseignement de Steiner. Le même critique d'art hollandais précité, Louwrien Wijers, demanda un jour à Beuys si l'idée de Steiner, selon laquelle l'artiste doit révéler le divin dans le monde, l'avait inspiré. Il répondit en le citant :

> La perception de l'idée dans la réalité est la véritable communion spirituelle de l'humanité. Tel est le concept de toute mon action, les hommes de nos jours ne perçoivent plus les phénomènes. Ils ne regardent pas les phénomènes de manière à pouvoir les lire : lire le besoin du phénomène, lire l'idée du phénomène. Ils approchent avec des préjugés matérialistes et les projettent sur les choses ; de ce fait ils déforment la réalité.

Il s'agit ici du phénomène observé et regardé avec attention pour faire une expérience authentique sans *a priori* ni idées préconçues afin de ne pas déformer la réalité mais au contraire de mieux la connaître et ainsi comprendre et agir.

Le passage du XIXe au XXe siècle fut un moment très privilégié de prise de conscience pour un renouveau de la vie sociale, artistique et culturelle et cela dès les premières années du XXe siècle. L'exposition de Darmstadt en 2001, « *Die Lebensreform* », montrait comment émergea en Europe (et plus particulièrement en Allemagne) la recherche d'un autre style de vie familiale et sociale, d'un confort matériel plus sain pour le corps, et la nécessité d'une nourriture consistante pour l'âme et pour l'esprit. On y parlait d'art total (Wagner), de renouvellement des arts, de synthèse des arts (Gropius), de réconciliation des arts (Steiner), de coïncidence des arts (Baudelaire). C'est dans ce contexte que naquirent des îlots de culture où se concentraient les porteurs de ces impulsions, des artistes, des musiciens, des romanciers, des poètes, des acteurs, des danseurs, tous attirés par le besoin de se côtoyer et d'échanger leurs expériences.

En 1907, Steiner remarque combien les expériences artistiques contribuent à développer la faculté d'appréhender l'esprit : c'est, pour la première fois, l'année de l'introduction dans le congrès théosophique de Munich des arts plastiques et du théâtre avec *Le Drame sacré d'Eleusis* d'Édouard Schuré.

Quelques années plus tard, en 1913, Mondrian exprime sa conviction profonde : « L'art est un moyen d'évolution de l'humanité [...] On progresse à travers un monde de formes qui va du réel jusqu'à l'abstraction. De cette manière l'on approche de l'esprit ».

L'année 1919 est une année de cristallisation de l'idée d'« art total » avec la création de l'École du *Bauhaus* à Weimar qui va favoriser et permettre l'irruption de la forme pure et géométrique dans le design industriel. Parallèlement, la première École Steiner-Waldorf est fondée à Stuttgart avec pour projet d'école une pédagogie pratiquée comme un art.

Nombre d'artistes prennent aussi conscience de la force d'expression de l'art comme moyen d'action politique et sociale : Max Beckmann, Otto Dix ou Emil Nolde pendant la Deuxième Guerre mondiale. Le choc biographique de leurs expériences de guerre transparaît sur leurs toiles par la métamorphose totale de l'espace et un bouleversement — si ce n'est un renversement — de tous les canons de proportions et de perspectives classiques.

Au moment où les dictatures s'imposent en Europe, obligeant à un art conventionnel tout à leur service en mettant au rebut un art considéré comme dégénéré, d'autres artistes — en collaboration avec des médecins — se préoccupent du soin de leurs patients par une thérapie artistique ou un art thérapeutique : Steiner et Ita Wegman puis Margarethe Hauschka et Liane Collot d'Herbois.

Steiner parlera d'une guérison par l'art et Beuys d'une guérison sociale qui trouve son origine dans la dialectique qui se crée entre l'individuel et le social. Les nombreux entretiens réalisés avec des artistes et des thérapeutes dans le cadre de cette étude, permettent encore de souligner combien les modes de transmission pouvaient prendre des formes différentes : par imitation, passation, théorisation, fécondation, imprégnation ou transformation.

L'artiste Sarkis, par exemple, exprime son désir d'être un passeur non pas de connaissances, mais bien plutôt de vie, dont la représentation symbolique pourrait être celle de la barque du passeur Charon dans le monde des enfers. Cette image de la barque est récurrente dans de nombreuses œuvres et intéresse une large gamme d'artistes. De Delacroix à Manet, Monet ou Redon l'image du passage d'un monde à un autre, du monde réel au monde de l'art trouve sa place.

Sarkis, le passeur d'art et de culture, accorde une grande importance aux lieux en privilégiant la rencontre par le soin qu'il accorde dans ses expositions à l'agencement de l'espace : tapis, coussins, lumières colorées structurent l'espace et favorisent le dialogue. Il engage la conversation par des entretiens personnels avec les visiteurs qui le souhaitent pendant ses expositions où il considère comme prioritaire d'être présent. Par ailleurs, il s'autorise à intervenir lui-même dans les lieux d'exposition en y laissant les empreintes de ses doigts, engageant les visiteurs à faire de même. L'aquarelle est le médium privilégié pour ses « écoles » qu'il organise dans les musées, galeries d'art ou maisons de la culture car il considère que la parole et la pratique artistique par le médium de l'aquarelle permettent de potentialiser au maximum l'impact d'une visite d'exposition qui pourrait sinon rester très impersonnelle et anecdotique.

L'artiste coréenne Bang Hai Ja met, elle aussi, la transmission au cœur de son activité artistique pendant ses expositions en organisant des ateliers de pratique de la calligraphie chinoise ou japonaise.

La naissance de l'art moderne, qui accompagne les premiers pas artistiques de Steiner au début du XXe siècle, et les méandres de son développement ensuite ont conduit cette analyse à travers le temps jusqu'à l'aube du XXIe siècle en posant comme vecteur de notre réflexion la notion de transmission qui reste bien au cœur des débats sur l'éducation depuis plusieurs années. Le lien qui prend progressivement forme au cours de cette analyse entre les notions de pédagogie et d'art s'explique par l'opposition qui perdure aujourd'hui encore dans les débats pédagogiques : transmission des connaissances par accumulation *versus* transmission par imprégnation sur le modèle de la transmission artistique. Les pratiques artistiques graphiques, picturales, musicales, théâtrales, poétiques s'avèrent en ce sens comme fondamentales et incontournables. Un second point de contact entre pédagogie et art peut être établi dans la volonté de favoriser une culture de la rencontre, idée qui va à l'encontre d'un enseignement standardisé et massif où une seule parole doit être valable pour tous.

Rudolf Steiner, artiste et pédagogue, transmetteur qui cherche à agir au cœur de la société, élabora, avec certains de ses contemporains, des outils pour comprendre la crise de l'intériorité qui secouait les hommes au début du XXe siècle. Il contribua en ce sens à ouvrir de nouvelles voies pédagogiques concrètes en plaçant l'art au centre des apprentissages et en élaborant le concept d'art de la pédagogie.

Cette étude s'intéressera d'abord à l'homme qu'il fut, à son cheminement personnel, aux idées qui le guidèrent et au résultat de ses recherches.

Rudolf Steiner Artiste

Steiner et l'art

Peu d'études se sont intéressées à la personnalité artistique de Rudolf Steiner qui suscita bien davantage l'intérêt par son engagement au sein de la théosophie et des sciences occultes.

L'art fut pourtant au centre de sa recherche personnelle et son cheminement artistique prit des voies très particulières. Il faut remonter à son enfance pour comprendre son approche des différents domaines artistiques qu'il sera ensuite amené à approfondir au cours de sa vie.

L'enfance

Enfant, Rudolf Steiner était passionné par les mathématiques, la géométrie, le dessin et la musique. Il grandit à la campagne dans une gare, son père étant télégraphiste, employé par les chemins de fer. Le monde de la nature et celui des sciences furent pour lui un sujet de recherche et d'étude qui le passionna tout au long de sa vie. Mais le domaine des arts se révéla progressivement être la voie privilégiée qui le conduisit aux diverses réalisations concrètes qu'il mit en œuvre par la suite.

C'est à l'école communale de Neudörfl, à la frontière de l'Autriche-Hongrie, où ses parents déménagèrent lorsqu'il avait huit ans, qu'il rencontra un instituteur qui lui ouvrit pour la première fois la porte de « choses merveilleuses ». Il rend ainsi hommage à son maître d'école dans son autobiographie :

> C'est lui qui m'apporta l'élément artistique. Il jouait du violon et du piano. Il dessinait beaucoup[1].

Cette approche artistique précoce eut une grande influence sur son développement personnel et fut déterminante dans son choix d'approcher divers domaines qu'il sut par la suite approfondir personnellement :

1. Steiner, Rudolf, *Autobiographie*, Genève, éditions Anthroposophiques romandes, 1979, volume 1, p. 30.

> J'allais le voir le plus souvent possible. Il aimait particulièrement le dessin. Dès l'âge de neuf ans il m'apprit à dessiner au fusain. Sous sa direction j'avais à copier des images[2].

Le domaine religieux ne fut pas en reste. Bien que son père fût agnostique et ses parents non pratiquants, la rencontre avec un prêtre de l'Église catholique l'engagea à devenir enfant de chœur. Il raconte dans son autobiographie combien le dialogue possible avec cet homme érudit fut pour lui important.

Par ailleurs, les longs trajets à pied qui le conduisaient en toute saison à l'école furent pour lui l'occasion de nombreuses observations sources de con-naissance. Un peu plus tard, à l'adolescence, pendant ses trajets journaliers pour aller à l'Université technique de Vienne, il fit la rencontre de Félix Kogutzki, cueilleur de plantes médicinales, avec lequel il aborda les sujets de la nature et de la culture de la terre. Ces divers contacts ont contribué à nourrir une approche vivante du monde qui lui paraissait malgré tout étranger. Il disait de lui-même qu'il se sentait plus proche de son propre monde intérieur que du monde extérieur :

> Je désirais pouvoir me dire que l'expérience du monde spirituel n'est pas moins réelle que celle du monde sensible. On peut, me disais-je, accéder en géométrie à un savoir que l'âme seule, par sa propre force, peut expérimenter. Ce sentiment fut pour moi la justification de mon expérience du monde spirituel et me permit d'en parler comme du monde sensible[3].

Ces expériences spirituelles (extra-sensorielles), il les décrivit et les représenta dans ses carnets ou sur des tableaux noirs lors de ses conférences, à l'âge adulte.

Les carnets

L'art, la religion et la science qu'il approcha dès son jeune âge, vont constituer un socle solide à partir duquel il développa ultérieurement sa recherche et son enseignement, qui trouvèrent leur accomplissement dans des réalisations concrètes jusqu'à aujourd'hui avec la création des écoles Waldorf par exemple.

Il est intéressant de remarquer ici combien l'influence d'un pédagogue peut être déterminante pour un enfant, car jamais Steiner ne cessa

2. Steiner, Rudolf, *Autobiographie*, *op. cit.*, volume 1, p. 30.
3. Steiner, Rudolf, *op. cit.*, vol.1, p. 29.

de dessiner. Il avait toujours sur lui un petit carnet qu'il mettait dans la poche de sa redingote et qu'il utilisait dès qu'il en ressentait le besoin. Il commença à conserver ses carnets à l'âge de quinze ans. Le Goethéanum en répertorie six cents dans ses archives[4]. Une centaine d'entre eux fut exposée au Japon en 2000 par le directeur d'un musée de Tokyo, Etsuko Watari, qui se rendit préalablement en Europe pour les consulter après avoir vu une exposition des dessins au tableau noir. Etsuko Watari les examina avec beaucoup d'intérêt et de curiosité et après les avoir choisis, il les classa en plusieurs rubriques : Homme, Nature, Corps-Âme-Esprit, Soleil et Planètes, Spirale, Douze Sens et Zodiaque, Médecine, Médicaments.

Ces dessins ont la particularité d'être très simples et d'aller au plus court pour montrer le plus important, ce qui veut vraiment être dit, par le trait. Un dessin au crayon du catalogue de l'exposition[5] montre un profil très particulier : l'œil est placé au niveau du sourcil, comme un troisième œil. Au dos du dessin, Steiner a écrit : « *Person : mit Vernunft begabte Hypostase* »[6]. L'œil est traversé de deux flèches dirigées vers l'intérieur du crâne jusqu'à la nuque et vers l'extérieur à l'avant du front ; le rond de l'œil lui-même montre une protubérance également dirigée vers l'avant du front.

Watari fait remarquer que « quand on regarde quelque chose, une sorte d'énergie circule de l'œil vers l'objet regardé, le touche et s'en retourne »[7]. Ce thème a souvent préoccupé Steiner pendant ses conférences. C'est un dessin au crayon d'un visage de profil qui représente une image de la perception : l'œil de celui qui regarde est traversé de deux flèches qui passent à travers l'œil jusqu'à l'arrière du crâne, l'une dirigée vers l'extérieur et l'autre vers l'intérieur de la tête.

Dans le même carnet, d'autres dessins attirent le regard[8] : à droite, un homme debout, jambes et bras écartés, dans lequel est intégré un visage avec les yeux au niveau des épaules, le nez sur le ventre et la bouche sur le sexe. À gauche, encore un homme debout, les jambes serrées, traversé

4. Archives de la succession Steiner, Nachlassverwaltung, Dornach, Suisse. Ces carnets sont de petite dimension, entre 7,5-11cm et 14-20cm, cartonnés ou couverts de cuir, de tissu.
5. Watari, Etsuko and Kugler, Walter, *The Notebooks of Rudolf Steiner, Notizbücher von Rudolf Steiner*, The Watari Museum of Contemporary Art, Tokyo, 2000, p. 20.
6. Traduction : « Individu : avec hypostase douée de raison », p. 20.
7. Etsuko Watari : « Wenn man etwas sieht, strömt eine Art von Energie von den Augen zu dem Objekt, berührt es und kehrt dann zurück », *ibidem*, p. 147.
8. *Ibidem*, p. 26.

de haut en bas par les signes du zodiaque (du Taureau à la Balance) ; on y aperçoit un visage situé comme dans le premier dessin. Deux ovales entourent ces deux personnages. L'être humain est ici intégré dans une totalité cosmique : le visage dans le corps et le corps pénétré par le zodiaque. Le thème du zodiaque est récurrent dans les conférences de Steiner. En témoignent ses nombreux dessins.

Steiner développe par ailleurs le concept des douze sens[9] chez l'homme, y compris les cinq sens déjà connus : sens de l'ouïe, sens de la vue, sens du toucher, sens de l'odorat, sens du goût, sens du mouvement[10], sens de l'équilibre[11], sens de la vie, sens de la chaleur, sens de la parole, sens de la pensée et sens du moi d'autrui. Ces douze sens sont placés en regard des douze signes du zodiaque, ce qui est une autre façon d'intégrer l'homme dans le cosmos.

On peut remarquer, en observant les dessins précités et les suivants dans le catalogue, que Steiner cherche les correspondances entre les douze signes du zodiaque et les douze sens. Le signe du Cancer, par exemple, est quelquefois mis en relation avec le sens du Moi ou bien avec le sens de l'équilibre ou de l'ouïe.

Dans la rubrique sur l'architecture, on trouve des représentations de l'architecture grecque ancienne (colonnes, chapiteaux) et des espaces à coupoles ; ce sont des dessins préparatoires à la construction du Goethéanum. Celui de la page 134 du catalogue d'exposition montre un espace couvert d'un plafond ovale soutenu par sept colonnes avec les signes des sept planètes au niveau des chapiteaux. Ce dessin met en évidence la pénétration du cosmos dans l'architecture.

Steiner développe donc dans ses carnets, par le moyen graphique du dessin, ses propres perceptions intérieures et exprime visuellement le résultat de sa recherche.

Dans ses carnets apparaissent également des ébauches et des recherches de graphismes pour la gamme des médicaments « Weleda »[12], des esquisses pour des portes, des rebords de fenêtres, des radiateurs, des chaises, des bancs ou des fauteuils, des lits, des bureaux et des commodes...

9. *Ibidem*, p. 84-88.
10. Aujourd'hui l'avancement de l'étude du cerveau est tel que de nombreux chercheurs stipulent l'existence de ce sens.
11. Également mis en lumière par la perte d'équilibre que peuvent entraîner certains troubles psychiques.
12. La fabrique de cosmétiques et les laboratoires pharmaceutiques Weleda ont été fondés entre 1921 et 1924 par Steiner et Ita Wegman, docteur en médecine.

Du design[13] donc ! Toute une pensée en image couchée sur du papier comme trace de formes liées à la vie quotidienne.

Il est à ce propos intéressant de mentionner qu'Etsuko Watari, lors de sa venue en Europe pour l'organisation de cette future exposition, eut l'occasion de visiter l'exposition de Josef Beuys intitulée « Plante, Animal et Homme » organisée par les frères Grinten en octobre 2000 à Villingen-Schwenningen au sud de l'Allemagne. Les dessins des premiers carnets de notes de Beuys y étaient présentés : arbres, fleurs, cerfs, vaches, lapins, abeilles. Il constata alors, *de visu*, que ces deux personnalités étaient non seulement reliées par leurs pensées mais aussi par un processus de pensée commun à tous deux : une pensée en images.

Par ailleurs, pour illustrer ses écrits scientifiques au sujet de l'action de l'esquisse, Goethe, qui dessinait beaucoup lui-même lors de ses voyages[14], écrivit : « Le faiseur d'esquisses parle directement à l'esprit, et par ce fait même, il ensorcelle le premier profane venu »[15].

Et dans un autre contexte :

> L'âme fait de la musique lorsqu'elle dessine ; elle joue un morceau de musique venant de son être le plus profond, là où sont en fait les plus hauts mystères de la création. Leur expression repose totalement sur le dessin et la plastique[16].

L'esquisse communiquerait donc le concept le plus furtif d'une chose avec les moyens les plus directs et avec d'autant plus de vigueur et de véracité, que les moyens utilisés restent économes, précis et plein de rigueur.

13. Watari, Etsuko and Kugler, Walter, *op. cit.*, p. 108-114 et l'exposition permanente du Vitra Design Museum à Weil am Rhein.
14. Entre 1786 et 1788, Goethe voyage en Italie où il rencontre de nombreux artistes peintres dont J.W. Tischbein qui l'initie à la technique de l'aquarelle. Goethe réalisera, durant ce voyage, plus de mille dessins.
15. Goethe, Wolfgang Johannes, *Schriften zur Kunst. Der Sammler und die Seinigen* : « Der Skizzist spricht aber unmittelbar zum Geiste, besticht und entzückt dadurch jeden Unerfahrnen », in : Michaël Bockemühl-Walter Kugler, *Denkzeichen und Sprachgebärde, Tafelzeichnungen Rudolf Steiners*, Stuttgart, Verlag Urachhaus, 1993, p. 48.
16. Goethe, Wolfgang Johannes, *op. cit.*, p. 48,49 : « Die Seele musiziert, indem sie zeichnet, ein Stück von ihrem innersten Wesen heraus, und eigentlich sind die höchsten Geheimnisse der Schöpfung, die, was ihre Grundlage betrifft, gänzlich auf Zeichnen und Plastik beruhen, welche sie dadurch ausplaudert ».

On peut évoquer ici l'art des calligraphes chinois pratiqué et très bien décrit par l'écrivain français d'origine chinoise, François Cheng, dans son ouvrage *Vide et plein*, le langage pictural chinois[17] :

> C'est seulement lorsque l'artiste possède la vision et les détails du monde extérieur qu'il commence à peindre. L'exécution, instantanée et rythmique, devient alors une projection à la fois des figures du Réel et du monde intérieur de l'artiste. C'est dans ce sens que Shiht'ao, en parlant du Trait unique, dit qu'il est le trait d'union entre l'esprit de l'homme et l'univers ; le Trait, tout en révélant les pulsions irrésistibles de l'homme, reste fidèle au Réel.

Steiner s'exprime également à ce propos :

> Tout ce qui m'est donné du monde spirituel, j'ai toujours l'habitude de l'écrire avec un crayon dans la main, de le transcrire avec des mots ou toutes sortes de dessins. Par là même, le nombre de mes carnets de notes pourrait remplir plusieurs wagons. Je ne les regarde plus ensuite. Ils sont là ; ils sont présents pour relier à l'homme tout entier ce qui a été recherché en esprit afin que ce ne soit pas communiqué seulement en mots s'adressant à l'intellect[18].

Nietzsche, une rencontre importante

On demanda un jour à Steiner qui il aurait voulu être et il répondit : « Friedrich Nietzsche, avant sa maladie ».

Lorsqu'il rencontra le célèbre philosophe, celui-ci était déjà inconscient et ne communiquait plus. « Son front de penseur était d'une extraordinaire beauté. [...] On était là devant Nietzsche et Nietzsche n'en savait rien »[19]. C'est une énigme que de comprendre cette personnalité qui meurt en 1900, juste au début du siècle, et qui jeta un regard à la fois très idéaliste et perspicace sur son époque et sur son temps.

17. Cheng, François, *Vide et plein*, Paris, Seuil, 1991, p. 76-77.
18. Steiner, 9 avril 1923, « Ich habe im Gebrauche, eigentlich alle das, was sich mich ergibt, aus der geistigen Welt, immer mit der Stift in der Hand aufzuschreiben, zu formulieren, entweder in Worten oder in irgendwelchen Zeichnungen. Dadurch ist die Anzahl meiner Notizbücher viele Wagenladungen. Ich habe aber sie nie wieder angeschaut. Sie sind da ; sie sind nur deswegen, um mit dem ganzen Menschen das zu verbinden, was im Geiste erforscht wird, so dass es sozusagen nicht bloss mit dem Kopf aufgefasst ist, um in Worten mitgeteilt zu werden, sondern mit dem ganzen Menschen erlebt ist », in Watari, Etsuko and Kugler,Walter, *The Notebooks of Rudolf Steiner*, *op. cit.*, p. 4.
19. Steiner, Rudolf, *Autobiographie*, *op. cit.*, volume 2, p. 25.

En 1895, après sa rencontre avec le Penseur, lorsqu'il était encore à Weimar aux Archives de Goethe et Schiller, Steiner écrivit un ouvrage sur lui, intitulé *Nietzsche, un homme en lutte contre son temps* ; ce texte a fit l'objet d'une conférence en 1900 à Berlin, suite à son décès. La mort de Nietzsche, en ce début de siècle, fit littéralement l'effet d'une bombe. Son influence était profonde ; elle correspondait aux aspirations sensibles d'une grande partie de ses contemporains. Intéressé par sa personnalité, Steiner le décrit comme un penseur très particulier, à la fois proche des hommes de son temps et loin d'eux, en accord et en opposition avec leurs aspirations profondes. Il était en recherche d'une sorte de paradis perdu.

Dans son premier ouvrage paru en 1872, *La naissance de la tragédie*, Nietzsche raconte ce paradis perdu mythique et réel à la fois, par la rencontre entre les dieux grecs Apollon et Dionysos. Apollon exprime la beauté du monde, la contemplation, tandis que Dionysos impulse de l'intérieur un mouvement musical qui plonge l'homme dans un état d'ivresse. Ces deux gestes, l'un vers l'extérieur, l'autre vers l'intérieur, complémentaire, expriment comment les facultés créatrices de l'être humain trouvent leur expression entre le désir de beauté et la nature, entre l'idée et la culture, entre l'idéal et la réalité, entre la représentation et la volonté. Mais ces rencontres se révèlent impossibles pour Nietzsche. Elles restent à l'état de souhaits, d'aspirations ; ce ne sont que des idées dont se saisiront les artistes au XXe siècle pour faire fructifier leur art et trouver le geste juste afin de transmettre leur perception du monde.

Après avoir approfondi la mythologie grecque et cherché l'essence de l'art et de la beauté, Nietzsche regarde vers le haut, au sommet de la montagne, loin des hommes, à la recherche d'un paradis. *Ainsi parlait Zarathoustra* prône la devise du « renversement » des valeurs avec pour but de remettre l'homme au centre de son humanité, en toute liberté. Mais Zarathoustra peut sembler bien loin des hommes et de leurs désirs secrets enfouis au plus profond d'eux-mêmes. L'homme n'est pas un pur esprit, il est aussi un être de chair.

Et de fait, en cette fin de XIXe siècle et ce début de XXe siècle, une nouvelle voie semble émerger : elle va à la rencontre de la nature, éducatrice suprême, à la recherche d'une forme de vie plus naturelle, plus saine, en harmonie avec toute la création (animaux, plantes, cosmos), pour éveiller à la fois les forces de vie et les forces de l'âme et les animer conjointement.

Dans son « Discours à la mémoire de Nietzsche », Steiner insiste sur le fait que cette personnalité a suivi son propre cheminement qui n'était pas en accord avec les idéaux profonds de son époque ; il vivait avec ceux de l'ancienne Grèce d'avant Socrate, avec les dieux, sur le mont Olympe. Nietzsche, dans la première partie de sa vie, ne parvint pas à se relier à la réalité de son temps ; il aspirait au mythe, à la grandeur de l'imagination et à l'épanouissement de l'homme dans un paradis musical qu'il reconnut, dans un premier temps, dans la musique de Wagner.

Steiner explique dans son discours que l'idée de surhomme « fut pour lui un moyen de supporter l'existence »[20].

Les questions de morale étaient également au centre de ses préoccupations. *Par-delà le bien et le mal* conduisit Nietzsche à examiner ces deux notions qui habitent les profondeurs de l'âme humaine. L'histoire a montré combien elles peuvent, autant l'une que l'autre, devenir dangereuses si l'homme les place en dehors de lui-même sans les faire vraiment siennes. Car en les prenant en lui-même et en les soupesant, il peut trouver et gérer un équilibre entre les deux. Aller au-delà du bien et du mal, dépasser l'homme et rejoindre ainsi le surhomme est un idéal qui peut conduire vers des hauteurs vertigineuses avec le risque de perdre pied et de tomber dans l'abîme.

Un artiste contemporain, Jan Fabre, lors d'une « installation » récente dans une salle du Musée du Louvre, montra au milieu d'un désordre de pierres tombales, un long et gros ver de terre avec une tête d'homme (la sienne) qui regardait vers le haut. L'image était saisissante : l'homme rampant aspirant à se dresser. C'est ce que Nietzsche chercha toute sa vie dans ses rencontres (Schopenhauer, Wagner), ses écrits (*Le Gai savoir*), ses réflexions.

Lire les textes de Nietzsche est enthousiasmant, écrit Steiner. Son écriture a du souffle, de l'élan. Le lecteur a envie de tout lire et se laisse facilement emporter par le flot de l'écriture qui le soulève.

Steiner fut un lecteur assidu de Nietzsche :

20. Steiner, Rudolf, *Friedrich Nietzsche, Un homme en lutte contre son temps*, Genève, éditions Anthroposophiques Romandes, 1982, p. 173.

> J'appartiens aux lecteurs de Nietzsche qui, dès qu'ils en ont lu la première page, savent avec certitude qu'ils les liront toutes et qu'ils écouteront chaque parole qu'il a pu dire. J'eus dès le début confiance en lui [...] comme s'il avait écrit pour moi — si je puis m'exprimer ainsi[21].

Lorsqu'il fit la connaissance de l'œuvre de Nietzsche, Steiner raconte avoir déjà élaboré des idées semblables aux siennes, très proches de celles qu'il avait exprimées dans ses écrits. Cette communion de pensée explique certainement le désir profond de Steiner de « restituer » Nietzsche et de le « resituer » à sa juste place, celle d'un inspiré, d'un visionnaire, mais les pieds sur terre, attiré dans la dernière partie de sa vie, avant sa maladie, par les sciences de la nature et les pressentant comme les seules dignes d'être approfondies en cette fin de XIXe siècle. Sa mort, en 1900, juste au passage du siècle, ouvre une porte à la nouveauté et au renouveau.

Dès le dernier tiers du XIXe siècle, un désir de réforme émergeait. L'Art nouveau « fleurissait » et ce courant novateur désirait réaliser une synthèse des arts. Steiner parlait, lui, d'une « réconciliation des arts »[22]. C'était un renouvellement total de l'architecture qui était visé mais aussi un renouveau de tous les domaines de la vie. Ses contemporains William Morris, Henry van de Velde, Louis Sullivan et son élève Frank Lloyd Wright, Antonio Gaudí et ses collaborateurs, Walter Gropius jusqu'à un certain point, et Le Corbusier, éprouvaient ce besoin d'une « conception totale de la vie ».

Cette recherche radicale de l'homme nouveau dans un monde nouveau, amorcée au XIXe siècle, relayée et accompagnée par d'autres courants, a été montrée dans une exposition à Darmstadt[23] sous le titre « *Die Lebensreform* », littéralement « La réforme de la vie ». Cette exposition très importante réunissait les différentes impulsions qui fleurirent et explosèrent autour des années 1900. Un projet global pour le renouvellement de l'art et de la vie avait pris forme à cette époque charnière : artistes peintres, graveurs, sculpteurs, designers, architectes, stylistes, musiciens, écrivains... Tous les domaines de l'art y étaient représentés. Et, en union avec les forces du soleil et tout le cosmos, au moyen de la danse avec Isadora Duncan, Loïe Fuller et Mary Wigman[24] et

21. Steiner, Rudolf, *op. cit.*, p.16.
22. Biesantz, Hagen, Klingborg, Arne, *Le Goethéanum — L'impulsion de Rudolf Steiner en architecture*, Genève, Éditions Anthroposophiques Romandes, 1981, p. 9-20.
23. Cat. *Die Lebensreform*, Institut Mathildenhöhe, Darmstadt, 21. Okt. 2001-24. Febr. 2002, haeusser-media. Verlag Haüsser. Band 1 und 2.
24. Isadora Duncan, danseuse américaine (1878-1927). Elle fit des recherches sur l'origine de la danse qui l'amenèrent en Grèce au pied du Parthénon à Athènes. Pour les Grecs anciens, la danse développait la beauté car elle établissait l'équilibre entre

de l'eurythmie[25] avec Steiner, le corps lui-même devient organe d'expression de l'âme et de l'esprit, l'instrument qui rend visibles le langage et le chant.

Parallèlement à cette recherche d'union entre le corps et l'esprit, de quête de Sens et d'un Renouveau spirituel, s'exprime le besoin de lier, de manière cultuelle et festive à la fois, la matière et l'esprit.

De nouvelles tendances spiritualistes resurgissent alors — la Rose-Croix, par exemple — ou émergent nouvellement — comme la section allemande de la Société théosophique dont Steiner devint le secrétaire général en 1902[26].

La Théosophie

La théosophie visait un syncrétisme culturel qui prétendait lier des mondes étrangers entre eux en un cosmos de cultures ayant les mêmes droits et pouvant ainsi former l'avant-garde, c'est-à-dire « une fraternité élitaire et égalitaire de l'humanité ».

Helena Blavatsky, décédée en 1891, et le colonel Olcott avaient fondé en 1875 la Société théosophique ainsi qu'une Fédération européenne comprenant sept sections. Steiner prit en 1902 la direction de la section allemande dont il devint le secrétaire général.

Mais il est d'une grande importance de remarquer que lorsqu'il rencontra Annie Besant, responsable de la société théosophique, il lui annonça qu'il n'accepterait de donner son enseignement qu'à partir de sa propre recherche spirituelle. Et c'est au même moment qu'il publia sa *Théosophie.*

Dans ce livre d'un style très rigoureux, il fait un exposé méthodique de l'essence de l'être humain, corps, âme, esprit en s'appuyant sur son travail de science spirituelle.

le corps et l'esprit. Sa vie la conduisit aussi en Europe où elle développa un art de l'improvisation en opposition avec les formes classiques du ballet. Elle créa des écoles de danse. Elle eut une vie aventureuse et romantique. Elle influença la danse moderne. Au même moment, l'expression du corps trouvait une expansion et un élargissement avec les recherches d'autres danseurs et danseuses comme Vaslav Nijinsky, Loïe Fuller, Mary Wigman pour les plus connus.

25. Eurythmie : un art du mouvement créé par Rudolf et Marie Steiner.
26. L'artiste hollandais Mondrian, qui s'inscrivit à la Société théosophique des Pays-Bas en 1909, in : Lefebvre, Sébastien, *Thèse d'histoire de l'art, Les rapports entre la théosophie et la naissance de la peinture abstraite*, Université de Toulouse Mirail, 1999-2002.

Steiner lui-même déclarait pouvoir lire d'une façon objective dans une mémoire cosmique éthérique, *La Chronique de l'Akasha*[27], les faits historiques et ainsi sauter à pieds joints par dessus le fossé hideux de l'interprétation qu'avait creusé la critique historique, provoquant la perte de l'accès immédiat au passé. Celui qui pratique la Science spirituelle parle de saisir l'esprit de manière objective, terme favori dans les cercles théosophiques.

En Allemagne, la théosophie prit un départ assez lent. En 1900, il y avait une demi-douzaine d'associations, ce qui reflétait bien les scissions entre elles. Mais en 1902, les théosophes allemands se lièrent à la branche indienne Adyar fondée par Helena Blavatsky et le commandant Olcott.

Après la publication de son ouvrage *Théosophie*[28] en rapport direct avec cette quête spirituelle, Steiner mena une vie publique agrémentée de nombreux voyages dans le cadre de ses activités au sein de la Société théosophique dont il fut l'un des principaux représentants entre 1902 et 1913 : conférences et entretiens principalement, rédaction de la revue *Lucifer-Gnosis*, écrits personnels et cours pendant quatre années au sein de l'École de Formation Ouvrière de Berlin fondée par W. Liebknecht[29], socialiste notoire et convaincu.

Steiner et sa collaboratrice Marie von Sivers[30] furent très actifs dans la Société théosophique, porteurs d'un point de vue artistique alors que la Société s'y intéressait fort peu : « Les artistes ne s'y sentaient pas à l'aise »[31].

Plus tard, Steiner décrivit comment il appréhenda les grandes œuvres plastiques de l'humanité :

> [...], j'avais dû, pour étudier la plupart des chefs-d'œuvre créés au cours de l'histoire humaine, me contenter de reproductions. [...] C'est ainsi que

27. Steiner, Rudolf, « Aus der Akasha-Chronik », revue *Lucifer-Gnosis*, Berlin 1904 et en français : *Chronique de l'Akasha*, Genève, éditions Anthroposophiques romandes, 1981.
28. Steiner, Rudolf, *La Théosophie : introduction à la connaissance suprasensible du monde et à la destination suprasensible de l'homme* et *Comment parvient-on à des connaissances des mondes supérieurs ?*, 1904-1905, Montesson, éditions Novalis, 1995.
29. Wilhelm Liebknecht (1826-1900), père de Karl Liebknecht (1871-1919), fonda cette école pour les ouvriers où Steiner enseigna entre 1899 et 1904.
30. Marie von Sivers, russe, fit des études d'art dramatique à Moscou et Paris. Elle devint la collaboratrice de Steiner qu'elle épousa en 1914. Elle fut aussi la traductrice de plusieurs œuvres de Schuré en allemand.
31. Steiner, Rudolf, *Autobiographie*, *op. cit.*, chapitre 34, p. 206.

> dès le début du siècle, donc à partir de ma cinquantième année, je pus me livrer à une étude approfondie de l'art et, parallèlement, concrétiser mes connaissances sur l'évolution spirituelle du genre humain [...].
> À Milan j'avais admiré la « Cène » de Léonard de Vinci, à Rome les créations de Raphaël et de Michel-Ange. [...] Je suis reconnaissant envers le destin qui m'a conduit à faire ces expériences seulement après avoir atteint ma pleine maturité[32].

Les arts visuels participent donc pour Steiner de l'évolution de l'humanité et en sont même un témoignage. Il en donna la preuve par l'image quelques années plus tard lors de conférences aux ouvriers pendant la construction du Goethéanum.

C'est ainsi que des projets artistiques plastiques, musicaux et scéniques furent expérimentés et mis en pratique dans les congrès annuels de la Société théosophique, à Paris en 1906 et surtout à Munich en 1907, où fut joué le *Drame Sacré d'Eleusis* de Schuré[33] :

> Copié sur celui des congrès scientifiques, le programme prévoyait des conférences et des entretiens sur des sujets philosophiques, on y examinait également les questions administratives de la Société théosophique.
> Le congrès de Munich eut une tout autre allure. La grande salle de concert prévue pour recevoir le congrès fut décorée de manière à susciter, par les formes et les couleurs, une atmosphère artistique s'accordant avec le contenu des entretiens. Il s'agissait de mettre en harmonie le cadre artistique et les activités spirituelles. J'attachais la plus grande importance à éviter tout symbolisme abstrait et de mauvais goût ; je tenais à ce que puisse s'exprimer une sensation d'art[34].

Les décorations de la salle furent décrites[35] et nous avons encore quelques croquis de Steiner[36] ; ce fut pour lui la première grande occasion d'installer et de montrer de nouvelles formes plastiques nées d'une vision spiritualiste.

Pour le congrès, sept colonnes de deux mètres de haut environ, avec des socles et des chapiteaux qui portaient les signes des sept planètes

32. *Ibidem*, p. 220-221.
33. Édouard Schuré, écrivain français dont l'œuvre la plus connue est *Les Grands Initiés* (1889).
34. *Ibidem*, chapitre 38, p. 237-238.
35. Raske, Hilde, *Das Farben-Wort : Rudolf Steiners Malerei und Fensterkunst im ersten Goetheanum*, Stuttgart, Verlag Freies Geistesleben, 1983, p. 24-25.
36. Watari, Etsuko and Kugler, Walter, *The Notebooks of Rudolf Steiner*, *op. cit.*, p. 134, dessin sur carnet de notes datant de 1910.

avaient été confectionnées, à l'aide de planches de bois peintes devant un arrondi tendu de rideaux d'un rouge vif (l'arrière et les côtés de la salle). Entre les colonnes posées librement sur le sol, apparaissaient, peints eux aussi, les sept sceaux de l'Apocalypse de Jean. Le plafond était bleu. De plus, deux colonnes, une rouge et une bleue (elles portaient chacune un signe particulier) faisaient mémoire du temple de Salomon. Devant le podium étaient placés les bustes de trois philosophes : Hegel, Fichte et Schelling, en tant que représentants européens d'une lutte pour la Connaissance.

Ces innovations plastiques créaient l'ambiance recherchée pour favoriser et exercer une meilleure écoute pendant les représentations théâtrales et les différents exposés.

Le congrès de Munich fut suivi de plusieurs autres (jusqu'en 1913) qui donnèrent lieu à de nombreuses représentations artistiques : les drames de Schuré — *Le Drame Sacré d'Eleusis*, *Les Enfants de Lucifer* —, puis les *Quatre Drames-Mystères* de Steiner entre 1910 et 1913 — *La Porte de l'initiation*, *L'Épreuve de l'âme*, *Le Gardien du seuil* et *L'Éveil des âmes.*

Les réalisations plastiques accompagnaient les représentations théâtrales. On peut encore voir l'esquisse que Steiner avait peinte pour le rideau de scène du Drame-Mystère du congrès de 1911[37], *L'Épreuve de l'âme*, qui montre, tissés dans des faisceaux de lumière, des êtres élémentaires, sylphes, elfes et ondines en mouvement sur un fond rouge.

Ce travail artistique, ainsi que les conférences qui l'accompagnaient, facilitait les contacts avec les artistes qui vivaient à Munich à cette époque, comme Jawlensky ou son ami Kandinsky, et « qui par la suite recherchèrent Steiner pour lui demander des conseils personnels »[38].

En ce début de siècle, la vie publique de Steiner s'annonce pleine de promesses et de projets. Il voyage alors dans toute l'Europe et donne des conférences, sollicité par les membres des Sociétés théosophiques mais aussi par les mouvements socialistes pour l'éducation des ouvriers qui étaient dans un élan d'expansion et d'autonomie[39]. Après des années

37. Watari, Etsuko and Kugler, Walter, *ibidem*, planche 8, figure 1.
38. Hemleben, Jean, *Rudolf Steiner, sa vie, son œuvre*, Fischbacher, Paris, 1967, p. 118 et suivantes.
39. Steiner leur donna des cours d'histoire et de diction pour leur permettre de s'exprimer et de développer avec aisance leurs idées en public.

d'études et de recherches, il se trouve bien présent au sein de la société. Il élabore un enseignement nourri par ses propres expériences pédagogiques de précepteur pendant ses études à Vienne et son travail à Weimar où il s'était attaqué à l'édition de l'œuvre scientifique de Goethe, avec Nietzsche un de ses grands inspirateurs.

Steiner et Goethe

La découverte de Goethe

L'œuvre de Goethe intéressa Steiner dès son adolescence. En 1884 (il avait vingt-trois ans), sous l'impulsion de son professeur Karl Julius Schröer[1], il commença à étudier les manuscrits de Goethe.

Steiner, dans un cycle de conférences intitulé *Le Karma de la profession en liaison avec la vie de Goethe*, regarde et analyse dans les deux premières conférences la biographie de Goethe pour y trouver les impulsions profondes qui l'animent. Il y décrit comment Goethe, après une maladie très grave où « il voit la mort en face », se rendit à Strasbourg et rencontra le poète, philosophe et théologien allemand Johann Herder[2] :

> Herder portait en lui une manière de voir le monde tout à fait nouvelle. Ce qui au fond n'avait jamais été entrepris de cette façon, Herder le portait en lui sous une forme pleinement spirituelle : suivre les phénomènes dans le monde à partir du plus simple, des éléments inertes les plus simples à travers le règne végétal, puis le règne animal jusqu'en haut, jusqu'à l'homme, jusqu'à l'histoire et jusqu'à la régence universelle divine dans l'histoire[3].

Or, depuis longtemps, Goethe aspirait profondément à l'étude des sciences. Il voulait apprendre à connaître les lois de la nature. Goethe, tout en acceptant la charge de premier ministre du duché de Weimar, dont il s'acquitta avec beaucoup de conscience professionnelle, continua ses

1. Karl Julius Schröer était germaniste et enseignait la littérature allemande à l'École supérieure d'enseignement technique de Vienne. Il était un spécialiste de Goethe. C'est grâce à lui que Steiner fut introduit aux Archives à Weimar en 1890 où il s'attaqua à l'édition de l'œuvre scientifique de Goethe.
2. Johann Gottfried von Herder (1744-1803) travailla sur l'origine du langage et fut à l'origine du mouvement littéraire *Sturm und Drang*.
3. Steiner, Rudolf, *Le Karma de la profession*, Paris, Triades, 1983, p. 17.

recherches scientifiques en géologie, minéralogie, botanique et anatomie pour les besoins de sa charge et son intérêt personnel. Steiner ajoute :

> Il étudie les plantes et commence déjà à ce moment à étudier l'anatomie à l'Université d'Iéna. Partout il est en quête, dans les faits isolés, de la confirmation de ce que Herder lui avait enseigné : des idées assurant la cohérence du monde. Il veut étudier ce qui fait le lien interne du monde végétal tout entier, ce qui vit spirituellement dans les plantes. Il veut faire apparaître à son âme l'affinité entre tous les animaux pour trouver le chemin ascendant vers l'homme. Il veut étudier directement sur les choses de la nature l'idée d'évolution. Pensez, il avait assimilé la grande idée de Herder : étudier un devenir spirituel homogène à travers tous les facteurs évolutifs présents dans les êtres[4].

L'idée d'évolution y était donc aussi en germe.

Le départ subit de Goethe pour l'Italie au bout de dix années passées à Weimar, est décrit comme une fuite vers les sources de la connaissance et de l'art : Venise, Rome, Naples, la Sicile. Il s'imprègne de l'idéal classique et approfondit de plus en plus ses idées sur la nature : « Il ressent devant ces œuvres d'art, que l'homme ne crée vraiment que lorsque l'art crée en puisant aux profondeurs de la vie ». Il conçoit alors *de visu* que l'art véritable puise à une source qui doit être trouvée, dévoilée et conquise. [5]

Goethe écrit en ce sens à ses amis de Weimar :

> Ces grandes œuvres d'art ont été en même temps créées par les hommes comme les plus grandes œuvres de la nature selon les lois vraies et naturelles. Tout caractère arbitraire, imagé, disparaît ; là est la nécessité, là est Dieu.

C'est également en Italie qu'il approfondit l'idée de la plante primordiale, de la métamorphose des plantes, des animaux, et c'est à son retour à Weimar, deux années plus tard, qu'il commence son travail sur la théorie des couleurs. La méthode scientifique de Goethe relève d'une observation rigoureuse des phénomènes de la nature à travers laquelle il cherchait les lois lui permettant aussi bien de trouver la plante originelle que l'origine de l'apparition des couleurs. Dans son introduction au *Traité des couleurs*, Steiner évoque

> [...] la forme qu'avait adoptée sa conception du monde à cette époque. Il venait de concevoir sa grandiose idée de la métamorphose des êtres organiques. La vision de l'unité de tout ce qui existe dans la nature lui était déjà apparue [...]. Le fait isolé lui apparaissait comme une modification

4. Steiner, Rudolf, *op. cit.*, p. 28-29.
5. Steiner, Rudolf, *op. cit.*, p. 31 pour les deux citations.

> particulière du principe idéel qui règne dans la nature entière. Déjà, dans les lettres qu'il écrivait d'Italie, il avait fait entendre qu'une plante n'est plante que parce qu'elle porte en elle *l'idée de la plante*. Cette idée était pour lui quelque chose de concret, une unité remplie d'un contenu spirituel dans toutes les plantes particulières. Elle ne pouvait pas être appréhendée avec les yeux du corps, mais bien avec les yeux de l'esprit. Celui qui peut la voir, la voit en chaque plante[6].

En chaque plante donc se manifeste la plante originelle et les différences que l'on observe (sur chaque plante) ne sont qu'une métamorphose de formes toujours en relation avec cette plante primordiale originelle.

Goethe continue ses expériences d'optique avec les couleurs qui le conduisent à mettre en doute et à réinterroger la théorie du physicien Newton en « réfléchissant » la couleur dans une dynamique lumière/obscurité. L'originalité de sa démarche réside dans une foi sans faille en la véracité de l'expérience vécue et de l'observation rigoureuse qui le conduit à une classification des couleurs suivant leur apparition et leur particularité.

La théorie des couleurs de Goethe est une somme extraordinaire de petites expériences personnelles saisies sur le vif, répertoriées fidèlement et classées consciencieusement. Elles constituaient le socle de son *Traité des couleurs* et pouvaient servir de grammaire plastique aux peintres. Les peintres romantiques Caspard David Friedrich[7] et William Turner[8] lui en sont redevables pour le développement de leur art. Ils travaillèrent à partir de cette base de données « scientifiques » et de leur propre savoir-faire de peintre.

Une proximité spirituelle : l'art et la science

Steiner fut très impressionné et influencé par le travail de Goethe. La connaissance profonde de ses travaux scientifiques autour de l'anatomie, de la botanique, de l'optique, des couleurs et de sa méthode objective d'observation des phénomènes, le conduisirent à regarder le monde d'une autre manière. Laisser parler les phénomènes sans les interpréter au premier abord relève d'une très grande maîtrise de soi et requiert beaucoup de

6. Goethe, *Die Farbenlehre, Traité des couleurs*, Triades, Paris, 1973, introduction de Steiner p. 42.
7. Caspard David Friedrich (1774-1840), peintre romantique allemand.
8. William Turner (1775-1851), peintre anglais et spécialiste de la perspective linéaire, utilisa de façon très explicite la théorie des couleurs de Goethe et, plus particulièrement, dans les œuvres de la dernière partie de sa carrière.

rigueur. Ce processus de connaissance était nouveau pour Steiner, qui dit lui-même dans son autobiographie combien son propre monde intérieur était pour lui d'une réalité beaucoup plus tangible que la réalité physique matérielle qui l'entourait.

Quant à cette démarche dite « goethéenne » préconisée par Steiner, elle est conçue comme une approche individuelle du monde naturel et humain où les organes de perception sont mis en activité dans un premier temps. Elle engendre, pour l'observateur, une confiance dans ses propres facultés, ainsi que l'exprime Steiner dans son introduction à l'ouvrage de Goethe, *La M*étamorphose des plantes :

> Goethe se sentait habilité à considérer les idées qui se formaient en lui lorsqu'il regardait les choses de la nature comme un résultat de l'observation, au même titre que la couleur rouge d'une rose. Pour lui, la science est un résultat de l'observation emplie d'esprit, et néanmoins objective [...]. Le processus de la connaissance n'est pas, à ses yeux, la simple reproduction formelle qui se cacherait dans la nature. Non, connaître, c'est amener réellement à se manifester quelque chose qui, sans l'esprit humain, n'existerait pas. Et pourtant Goethe n'en conçoit pas moins l'esprit comme le véritable contenu de la nature, parce que la connaissance est pour lui une immersion de l'âme humaine dans la nature. Goethe voulait une science qui implique l'homme tout entier, comme l'art le fait aussi d'une autre manière[9].

À propos de l'art, il est nécessaire de mentionner que Goethe était un passionné de dessin, qu'il pratiqua tout au long de sa vie. Il s'immergeait totalement dans les paysages qu'il observait. Ses dessins (crayon, pastel, plume), ses gravures et lavis (aquarelle, sépia, encre de chine) représentent des paysages réalisés lors de son voyage et de son séjour en Italie. Ils rappellent ceux que faisaient au lavis de sépia ou d'encre de chine Claude le Lorrain[10] dans la campagne romaine quelques années auparavant, pour s'imprégner de la lumière et des paysages bucoliques idylliques qu'il reconstruisait ensuite sur ses toiles dans son atelier.

Cette conception goethéenne de la science et de l'art implique totalement le regardeur, l'observateur, le chercheur. Resituée dans son contexte, elle apparaît à plus d'un comme le résultat d'une attitude romantique « *Sturm und Drang* » qui avait pour corollaire le désir d'union ou de com-

9. Goethe, *La métamorphose des plantes*, Paris, Triades, 1975, Introduction de Steiner à l'édition du livre, p. 11-65.
10. Claude Le Lorrain (1600-1682) fut aussi le grand inspirateur de Turner, lui-même précurseur de l'impressionnisme.

plémentarité entre la science et l'art, l'aspect sacré de la démarche étant à la base l'attitude rigoureuse, ouverte et respectueuse de l'observateur.

L'art et la science se révélaient comme complémentaires et indissociables. À la lumière de Goethe, Steiner prit conscience qu'une attitude religieuse vis-à-vis des phénomènes était fondamentale à la fois pour l'artiste et pour le chercheur et que la triade « Art, Science et Religion » méritait d'être revisitée pour trouver un sens nouveau.

La question de l'art au sens large, comme moyen de perception vivante du monde et de l'homme, était, depuis le début du siècle, dans la conscience de Steiner : l'art comme « jeu » entre l'idée et la matière, l'art comme manifestation des lois cachées de la nature, l'art comme réunion de tous les arts (Schiller, Goethe, van de Velde) :

> Steiner voyait dans la nature une source d'inspiration par laquelle l'homme, grâce aux capacités toujours plus larges de son esprit et à la force d'un troisième élément, l'activité artistique, pourrait parvenir à une Synthèse totale. Les idées de Schiller dans ses *Lettres sur l'éducation esthétique* sont comme un préliminaire à la démarche steinérienne. Il y parle des pulsions de génération et de forme, et estime l'homme capable de créer par le caractère artistique de son sens du jeu. Goethe suit une voie semblable en affirmant que quiconque commence à dévoiler les "mystères manifestés" de la nature est saisi par une aspiration irrésistible vers sa forme la plus noble, l'art. À la suite de son approfondissement de l'œuvre goethéenne, Steiner appela tout naturellement son édifice de Dornach : le Goethéanum[11].

11. Biesantz, Hagen, Klingborg, Arne, *op. cit.*, p. 98. Ce bâtiment fut appelé « le *Johannesbau* » (Maison johannique) dans une première phase et devait être construit à Munich. Un projet de théâtre à coupoles entouré de salles d'ateliers avait été dessiné et soumis aux autorités munichoises, qui le refusèrent.

L'atelier

Dornach

Le projet de construire un bâtiment capable de réunir des hommes dans un lieu propice aux échanges, accueillant et suscitant, voire provoquant une expérience spirituelle suprasensible, naquit dans l'esprit du groupe des anthroposophes. Ils pensèrent d'abord à Munich, ville des arts ; mais le projet avorta précocement pour des raisons politiques.

Des bienfaiteurs de la Société anthroposophique, la famille Grosheintz[1], proposèrent un terrain près de Bâle en Suisse, sur la colline de Dornach, et la construction de l'édifice commença très vite, en septembre 1913.

Ce fut une entreprise dynamique qui embaucha de nombreux ouvriers, artisans et artistes et cela, malgré la Première Guerre mondiale. Steiner se mit immédiatement à faire les plans et les maquettes du projet : un bâtiment tout en bois construit sur un socle en béton.

Steiner avait modifié les esquisses préparatoires qu'il avait faites pour le projet de Munich, qui était conçu en souterrain mais qui n'avait pas été accepté par les autorités munichoises. Le nouveau projet était tout différent : à l'extérieur, sur une colline bien en vue dans un environnement de montagnes vallonnées et de sombres forêts (le Jura). Il dessina alors deux coupoles[2] baroques, une grande et une petite imbriquées l'une dans l'autre, qui abritaient la grande salle de réunion et de spectacle. Il réalisa aussi une maquette de l'intérieur avec des colonnes, des socles, des chapiteaux, des architraves sculptés selon une évolution de formes ou métamorphose

1. Le docteur Grosheintz était chirurgien-dentiste à Bâle. Il habita ensuite avec sa famille dans la maison Duldeck, construite en béton armé en 1915, qui abrite actuellement les Archives de la Succession Steiner.
2. Watari, Etsuko and Kugler, Walter, *The Notebooks of Rudolf Steiner*, *op. cit.*, p. 132-133.

(notion développée par Goethe[3]) représentant les planètes dont on peut voir une première esquisse dans ses carnets pour la décoration de la salle du congrès théosophique de Munich en 1907.

À l'intérieur des deux coupoles, les plafonds étaient peints de grandes surfaces colorées dont les motifs retraçaient en images l'histoire de l'humanité. Les peintures des coupoles traduisaient des influences symbolistes, à la manière d'un Odilon Redon par exemple, dont on peut évoquer ici la série de lithographies intitulées « Rêves » ou des fresques murales du peintre de Saint-Germain en Laye, Maurice Denis. Les œuvres de ces deux artistes, bien que très différents, faisaient appel à une source d'inspiration très intériorisée, liée aux symboles universels importés par les mythologies anciennes et les religions, réactualisés, retravaillés de manière nouvelle. Chez ces deux peintres, la couleur était très présente et soutenait pour ainsi dire les motifs imagés colorés. Pour la perception des contemporains de cette époque, l'apparition d'une peinture « spirituelle » était nouvelle et, par là même, critique vis-à-vis de l'académisme. Mais elle ouvrait la voie, avec Kandinsky, à l'implication du « Spirituel dans l'art » et aux prémices de la peinture abstraite. Les murs étaient percés de vitraux en triptyque de verre coloré, sculptés dans la masse.

L'impression générale que dégageait le bâtiment était celle d'une grande cohérence entre l'intérieur et l'extérieur, d'une œuvre totale, et cela surtout grâce à la sculpture, car toutes les surfaces intérieures et extérieures étaient sculptées. Après la phase de conception, Steiner attaqua rapidement la réalisation.

La construction

De nombreuses personnes de diverses nationalités participèrent à cette aventure qui commença véritablement le 20 septembre 1913 lors de la pose de

3. Steiner, Rudolf, *Le Goethéanum, un langage de formes*, Genève, éditions Anthroposophiques Romandes, 1986, p. 10 : « La fréquentation assidue du monde goethéen pouvait inciter le chercheur à réintroduire précisément cette notion de métamorphose dans le domaine de l'art. La conception architectonique du Goethéanum y trouva appui. Quand la Nature crée en toute liberté, elle engendre des formes qui naissent les unes des autres. Elle vit dans la métamorphose. À l'artiste, architecte ou sculpteur, de s'en pénétrer assez pour créer de même, à son tour ».

la pierre de fondation, un dodécaèdre en cuivre à douze pentagones égaux enfoui dans le sol en présence d'une quarantaine de personnes qui, sous un ciel menaçant, virent éclater un gros orage avec éclairs et pluie violente.

Parmi les participants étaient présents des amis de l'anthroposophie, des membres de la nouvelle Société anthroposophique, des professionnels, des amateurs et des artistes qui s'impliquèrent activement dans le projet.

Nous suivrons tout d'abord le récit de l'écrivain russe Andréï Biély qui relate son expérience personnelle pendant la construction du bâtiment :

> À partir du 1er février 1914, me voilà à Dornach ; roulé par une autre vague ; l'entreprise de construction, c'est un monde énorme, clos sur lui-même ; nous nous perdîmes en lui ; rien que dans l'atelier de menuiserie qui préparait le bois pour l'ossature du bâtiment, des coupoles, des architraves, on comptait en février jusqu'à trois cents menuisiers ; cette quantité augmentait ; il y avait aussi les travaux de bétonnage (le béton des fondations et du rez-de-chaussée), le montage de la carcasse du bâtiment, de la carcasse de la coupole, l'immense travail de l'atelier de dessin, la préparation des pièces composant les colonnes (il y en avait 26) ; tout était dégrossi dans cinq énormes granges ; le travail des membres (je ne parle pas des maîtres d'œuvre) était concentré dans trois domaines : le bureau pour l'inscription des ouvriers [...], l'atelier de dessin où l'on affinait les plans des différentes parties du Goethéanum [...], l'atelier d'art où l'on modelait les maquettes de glaise et de plâtre.
> Tous ceux qui venaient à Dornach trouvaient leur place à un endroit ou à un autre, chacun se plongeait dans son travail jusqu'au cou [...] et l'organe de liaison, c'était le docteur[4].

Le projet sur papier et en volume sur maquette était bien avancé. Il s'agissait pour Steiner de faire en sorte que la réalisation du bâtiment se concrétise le plus vite possible. Pour la première partie de la construction, il fit appel à des architectes qui conçurent l'ossature des coupoles et de l'édifice en général posé sur un socle en béton.

Mais le temps passe très vite, c'est l'hiver et le chantier est dans la boue. Malgré les intempéries, le travail progresse et l'enthousiasme emporte toutes les difficultés.

Un îlot actif pendant la Première Guerre mondiale

Steiner est omniprésent sur le chantier, d'autant plus que les menaces de guerre se font de plus en plus proches et alarmantes. Certes la Suisse est

4. Biély, Andréï, *Souvenirs sur Rudolf Steiner*, Lausanne, L'Âge d'homme, Classiques slaves, 1996, p. 39.

un pays neutre, mais le village de Dornach près de la ville de Bâle est tout proche des frontières allemande et française.

Au début du printemps, la colline de Dornach bruissait comme une ruche : les experts et novices se côtoyaient sans vraiment savoir quoi faire. Et lorsque,

> à partir de la deuxième quinzaine de mars 1914, les artistes et les futurs sculpteurs affluèrent [...] Steiner entra en scène et trois jours durant, de longues heures d'affilée, il nous montra comment tenir le ciseau, hachurer, compacter [...] ; on le regardait encore plus quand il travaillait sur un chapiteau ; en mai il y avait déjà une centaine de sculpteurs ; deux cents environ en juin-juillet (tous membres de la s.a.) ; [...] à partir d'avril, quand nous commençâmes les architraves, il constitua des groupes de travail, et se mit à les visiter tous les jours et parfois même deux fois par jour : il s'arrêtait devant chacun des groupes, faisait des marques sur le bois, à quel endroit et où il fallait creuser [...][5].

Steiner travaillait très en lien avec tous les corps de métier, architectes, ingénieurs, graphistes, techniciens..., pour résoudre le problème de ce bâtiment à double coupole, l'une plus petite, imbriquée dans l'autre plus grande. Il continuait parallèlement son activité de conférencier et d'écrivain. Cependant, le 1er avril 1914 on fêta déjà la pose de la charpente.

Le bâtiment[6], posé sur un socle de béton, était tout en bois. Les parois furent sculptées à l'intérieur ainsi qu'à l'extérieur de façon à leur donner une forme plastique. C'était comme des murs vivants, disait Steiner lors d'une conférence à Dornach en juin 1914 : « Notre édifice ne doit pas clore. Ses murs doivent vivre, mais vivre conformément avec la vérité. La vérité correspond en nous au modelé du plus beau relief »[7].

Mais, à la déclaration de guerre quelques semaines plus tard, le chantier se vida considérablement et fut amputé de beaucoup de forces masculines. Il fallut réorganiser complètement le rythme des travaux.

Un vent de panique souffla sur le village-chantier lorsque l'on entendit le premier bruit de canon ; tous apprirent les premiers rudiments de secourisme et se préparèrent à fuir dans les montagnes au-dessus de Dornach à la première alerte. Andréï Biély poursuit son récit :

5. Biély, Andréï, *op. cit.*, p. 41.
6 Biesantz, Hagen, Klingborg, Arne, *Le Goethéanum — L'impulsion de Rudolf Steiner en architecture, op. cit.*, p. 28-31.
7. Antonio Gaudí (1852-1926), architecte de la « Sagrada Familia » à Barcelone et contemporain de Steiner, reliait également le concept de beauté à celui de vérité : « La beauté est la splendeur de la vérité : sans vérité il n'y a pas d'art. La splendeur attire tout le monde, c'est pourquoi l'art est universel ».

> [...] nous nous accrochons bien fort à l'œuvre commune ; nous tous qui que nous soyons, Russes, Allemands, Autrichiens, Français, Polonais : nous sommes frères dans le malheur ; [...] notre politique à nous : nous cramponner à l'œuvre commune, rester sur le chantier ; [...] Ce qui nous liait : l'amour, la solidarité, la responsabilité. En ces jours de panique, nos liens se resserrèrent encore ; [...] les Suisses de toutes les armées furent contraints de partir ; lorsqu'on mina la frontière, le sentiment de danger s'atténua ; nous continuâmes à jouer du marteau au son des canons, tout en sachant que les canons pouvaient détruire l'édifice[8].

Steiner dirigeait la construction comme un chef d'orchestre : « Il prenait pour instrument les différentes branches de travail : sculpture, vitraux, peinture, coupoles, fondations, cercle des colonnes, etc. ; ensuite, il essayait d'obtenir de l'orchestre une symphonie »[9].

Tout au long des années de guerre (entre 1914 et 1918), Steiner dut aussi faire face à des conflits internes entre les ouvriers étrangers, français, anglais, allemands, russes, autrichiens, polonais, italiens, espagnols... C'est ce qui l'amena à prononcer cinq conférences sur la culture et à en évoquer les grandes figures européennes afin d'apaiser les passions et les fièvres nationalistes qui menaçaient l'équilibre fragile du projet de construction du Goethéanum[10]. Molière, Voltaire, Racine et Corneille pour la France, Shakespeare et Newton pour l'Angleterre, Goethe (Faust) pour l'Allemagne, Dante et Giotto pour l'Italie, Tolstoï et Dostoïevski pour la Russie, Homère, Platon pour la Grèce, toutes ces personnalités et d'autres encore, expriment bien la couleur et la richesse de l'âme d'un peuple particulier.

Le contenu de ces conférences avait plusieurs objectifs. Le premier était d'apaiser des tensions exacerbées par les enjeux émotionnels et matériels de la guerre. Le deuxième visait à donner toute sa valeur artistique au travail réalisé sur l'ensemble du chantier. C'est ainsi qu'il développa devant les ouvriers comment les formes sculptées des colonnes, des chapiteaux et de l'architrave de la grande salle correspondaient à l'attitude psychique caractéristique de chacun des peuples alors en guerre. Il décrivit celle du peuple français empli des forces du cœur et de la raison, développées jadis chez les Grecs et les Romains. La manifestation plastique de l'âme française est représentée de façon toute particulière dans la matière

8. Biély, Andréï, *op. cit.*, p. 259-260.
9. *Ibidem*, p. 9, 20, 21, 267.
10. Steiner, Rudolf, *Le premier Goethéanum, témoin de nouvelles impulsions artistiques*, Genève, éditions Anthroposophiques Romandes, 1982, cinq conférences faites à Dornach entre le 10 et le 25 octobre 1914.

sculptée du troisième chapiteau de la grande salle sous deux formes : une coupe qui reçoit une forme tripartite venant d'en haut[11]. La succession des formes des sept chapiteaux de la grande salle se fait sous le signe de la loi de la métamorphose, en lien avec les sept planètes. Deux formes se rencontrent : l'une vient d'en haut (action du spirituel) et l'autre vient d'en bas (action du terrestre). Et c'est à chaque fois la rencontre particulière entre ces deux formes-forces qui fait toute la différence.

Steiner explique ensuite qu'une civilisation (la civilisation gréco-latine en l'occurrence) peut donner à une autre civilisation des impulsions qui lui permettent de renaître, mais d'une autre façon[12]. On ne peut nier en effet les liens culturels très forts qui unissent la France à la Grèce et à l'Italie, ne serait-ce que par leurs préoccupations esthétiques et philosophiques.

Aborder la mission de chacun des peuples européens en les reliant à leur culture et au travail de sculpture des chapiteaux était une manière très concrète de valoriser chacun des ouvriers actifs sur le chantier. C'était aussi une façon de montrer comment le fond et la forme s'adaptent tout en donnant un sens profond au geste du sculpteur. Chacun des participants à ces conférences où Steiner évoquait toutes les nationalités présentes dans la salle de la menuiserie, était interpellé dans son âme de patriote, dans son âme d'artiste et dans sa condition d'être humain universel, sensible et pensant. Cela mérite d'être mentionné comme un modèle de transmission plein de sens qui a permis d'assurer jusqu'au bout la construction du « *Bau* ». Il les stimulait dans leur quête du Beau pour qu'ils tissent ensemble un lien fort et dynamique.

Les apports de Steiner ne visaient pas à exalter l'esprit patriotique des ouvriers mais plutôt à les amener à une reconnaissance de leur originalité, de leur complémentarité et de leurs qualités psychiques originales en tant que peuple.

Le chantier ne s'arrêta jamais malgré les difficultés et les nombreux obstacles rencontrés, dont celui de faire collaborer tant de personnes d'âges, d'origines, de compétences et de cultures différents.

Le Goethéanum

Le premier Goethéanum fut achevé en 1918.

11. Cf. dans le cahier d'illustrations colonnes et chapiteaux.
12. Steiner, Rudolf, *op. cit.*, p. 35-41.

> La réconciliation des arts : voilà ce que, pour la première fois, et comme en un petit commencement élémentaire, nous avons essayé de donner avec notre édifice, là où l'on ne devrait pas seulement discourir, froidement et prosaïquement, de cette réconciliation, mais où dans l'architecture de l'édifice lui-même devait se trouver une empreinte, comme la marque d'un sceau, de cette réconciliation de l'atmosphère musicale avec la forme architecturale. Si vous étudiez ce qui se présente dans l'ordre de nos colonnes et dans ce qui lui est lié, vous découvrirez qu'il a tenté de mettre en un mouvement plein de vie ce qui soutient, ce qui pèse et ce qui est conforme à l'équilibre. Nos colonnes ne sont pas seulement des soutiens, nos chapiteaux ne sont pas seulement des éléments porteurs et l'architrave qui s'étend au-dessus des colonnes ne porte plus seulement le caractère d'un élément reposant simplement sur les colonnes et les parachevant vers le haut, mais celui d'une croissance vivante, d'une vibration vivante[13].

Car il y avait des exigences de cohérence, de style pour la réalisation de ce bâtiment, et cela passait par des tâtonnements, des erreurs, des maladresses, des apprentissages et surtout beaucoup d'expérimentations. Steiner disait toujours :

> Dans le processus de la construction, nous n'obtenons pas le style de l'ensemble en résolvant des problèmes abstraits, ni en nous contentant d'affirmations allégoriques, si profondes soient-elles, comme « cette partie de l'édifice a telle signification, et cette partie-là telle autre » ; ce style, nous le distillons, nous l'extrayons pour ainsi dire des profondeurs où la raison se tait, où agit la force créatrice. Un jour il dit : « Pardonnez-moi cette expression : notre "*Bau*", nous le boulangeons comme un pain. Il voulait dire : l'ensemble lève comme une pâte ; il est le produit d'efforts multiples ; et le style de l'ensemble, c'est l'inattendu »[14].

Il fut donc tenté de donner aux formes architecturales une fluidité musicale. De plus, la sensation que pouvait procurer l'action conjuguée de ces colonnes avec ce qui était en relation avec elles (socles, architraves), pouvait même éveiller dans l'âme une atmosphère musicale[15]. Ce premier bâtiment brûla dans la nuit du 31 janvier 1922. Il fut reconstruit très vite[16]. Steiner fit de nouveau des croquis et une maquette pour un édifice en béton armé[17] cette fois.

13. Steiner, Rudolf, *L'Art à la lumière de la sagesse des Mystères*, Genève, éditions Anthroposophiques Romandes, 1987, p. 132.
14. Biély, Andréï in : *Souvenirs sur Rudolf Steiner*, *op. cit.*, p. 266.
15. Steiner, Rudolf, *L'Art à la lumière de la sagesse des mystères*, *op. cit.*, p. 132.
16. Entre 1924 et 1928.
17. Biesantz, Hagen, Klingborg, Arne, *Le Goethéanum, l'impulsion artistique de R. Steiner en architecture*, *op. cit.*, p. 54.

La rupture avec la Société théosophique

Entre 1902 et 1913, Steiner donne de nombreuses conférences en Europe sur des sujets variés comme la christologie, le développement de l'homme et sa place sur la terre, l'éducation, le psychisme et l'esprit, le sens de la vie... Il est très actif.

À cette époque, la Société théosophique prenait de l'ampleur et subissait diverses influences qui engendrèrent des divergences graves entre les membres des différents pays. Steiner et un grand nombre de membres de la Société théosophique allemande donnèrent alors leur démission. La différence essentielle qui conduisit à sa séparation définitive d'avec la Société théosophique était due à la position de Steiner par rapport au Christianisme. Steiner considérait le Christ et l'événement du Golgotha comme le centre du devenir de la terre et de l'histoire de l'humanité.

Le désaccord avec Annie Besant, alors responsable de la Société théosophique, portait sur la reconnaissance du jeune Alcyon-Krishnamurti considéré comme un Maître cosmique, réincarnation du Christ sur terre. Or, toute la christologie développée jusque-là par Steiner dans ses livres et conférences parlait d'un Christ cosmique nullement en accord avec cette proposition. Il y eut scission, Steiner fut démis de ses fonctions de secrétaire de la Société théosophique allemande, qui fut elle-même dissoute. C'est ainsi que fut créée en 1913, à Berlin, la Société anthroposophique déjà en germe depuis longtemps. Ce fut bien une rupture, même si de nombreux membres issus de la Société théosophique suivirent Rudolf Steiner dans cette nouvelle aventure.

Pendant toutes ces années, Steiner avait beaucoup voyagé, il avait pu visiter les grands musées européens et contempler les œuvres d'art *in situ*. Il avait aussi acquis une certaine notoriété et développé la conviction profonde que l'expression artistique était indispensable au développement psychique, physique et spirituel de l'être humain.

Le concept de métamorphose

L'étude approfondie de l'œuvre de Goethe conduisit Steiner vers la nécessité de construire un bâtiment pour abriter les activités de la Société théosophique puis celles de la Société anthroposophique à partir de 1913. Dans cet édifice, toutes les formes visibles du bâtiment devraient exprimer l'idée de métamorphose.

La loi de la métamorphose, ce principe de transformation qui suit les lois du monde organique, lui-même influencé par le mouvement des planètes, Steiner l'avait découverte à travers son travail sur les écrits scientifiques de Goethe. Il s'agissait donc, avec la sculpture des formes de l'architrave, des chapiteaux et des socles des colonnes, de pénétrer à l'intérieur du monde naturel pour s'unir aux lois secrètes de la nature.

Cette idée[1] évoque en elle-même l'idée de forme et de mouvement que l'on peut observer dans la nature lorsque les plantes se déploient et se développent dans l'espace. Ce n'est pas la forme réaliste qui est importante mais plutôt la naissance surprenante d'une nouvelle forme. C'est ainsi que la transformation progressive des formes des feuilles du bas vers le haut d'une plante peut aboutir, de façon inattendue, à la naissance d'une fleur au bout de la tige. Une autre image peut permettre de comprendre ce concept, c'est celle du cocon du ver à soie qui révèle le miracle du papillon au bout de tout un processus de maturation et d'attente féconde. Les deux concepts de transformation et de métamorphose, même s'ils sont proches, n'ont pas la même signification. Si la « transformation » d'une forme évolue selon une continuité plutôt linéaire, la « métamorphose » sous-entend un raccourci vers l'apparition de la fleur au bout de la tige de feuilles ou vers la naissance du papillon après la formation du cocon[2].

Dessiner une forme et observer ses possibilités d'évolution, les divers chemins qu'elle peut prendre, les ruptures et les continuités jusqu'à une nouvelle naissance avec pour support l'observation des lois terrestres et cosmiques dans la nature, voilà le chemin suivi par Goethe dans sa quête de connaissance et repris par Steiner pour la construction du Goethéanum.

1. Goethe, *op. cit.*, p. 113 et suivantes.
2. Une partie des travaux graphiques du dessinateur Jean Giraud-Moebius sont totalement inspirés par ces deux concepts qu'il travaille graphiquement depuis de nombreuses années.

Le début du XXe siècle

L'Art nouveau et le renouveau

Le « *Bau* » représentait un tout, il était conçu comme « une œuvre d'art totale » où toutes les formes tendaient à montrer visuellement une unité entre l'extérieur et l'intérieur et où tous les arts (sculpture, verrerie, ferronnerie, peinture...) avaient leur place. C'est ce qui explique l'immense chantier. Le choix de l'emploi majoritaire du bois pour cet édifice suggérait aussi une main d'œuvre importante. L'Art nouveau, encore « fleurissant » au début du XXe siècle, exerce ici une influence certaine en particulier sur les formes mouvantes des chapiteaux et des architraves de la grande salle de spectacle. Elles ne représentent plus des motifs végétaux mais une métamorphose de formes liées à l'action des sept planètes : Saturne, Soleil, Lune, Mars, Mercure, Jupiter, Vénus. Ces formes étaient sculptées sur sept chapiteaux de bois différents : charme, frêne, merisier, chêne, orme, bouleau, érable.

La loi de la métamorphose, ce principe de transformation qui suit les lois du monde organique, lui-même influencé par le mouvement des planètes, Steiner l'avait découvert grâce à son travail sur les écrits scientifiques de Goethe. Il s'agissait donc, par la sculpture des formes de l'architrave, des chapiteaux et des socles des colonnes, de transcender le monde naturel et de s'unir aux lois secrètes de la nature.

Une architrave courait tout autour de la salle au-dessus des chapiteaux des quatorze colonnes. Et c'est certainement cette architrave qui demanda le plus de travail aux sculpteurs, car elle faisait le lien entre les colonnes (qui se dressaient de plus en plus hautes et grosses jusqu'au bas de la salle en gradins), et la coupole. La scène, ronde elle aussi, était coiffée d'une plus petite coupole soutenue par douze colonnes. Les plafonds étaient peints et les murs percés de vitraux colorés.

Les pieds de colonnes des deux salles, les entourages des portes et des fenêtres, les rampes d'escalier et les murs extérieurs étaient aussi sculptés. Les deux coupoles étaient recouvertes, à l'extérieur, d'ardoises grises brillantes importées de Norvège. La conception de ce bâtiment était donc originale mais peut-être pas aussi novatrice et audacieuse, en apparence, que les gratte-ciels américains de la fin du XIXe siècle et du tout début du XXe de l'architecte Sullivan, dont la règle d'or était : « *form follows function* » (la forme résulte de la fonction). En Europe, c'est l'architecte de la Sécession Viennoise, Adolf Loos, qui représente le Fonctionnalisme, succédant à l'Art nouveau, ce qui sous-entendait une forme déterminée par la fonction du bâtiment, une architecture dépouillée, sans ornementation superflue. Sullivan élabore par exemple un système d'ornement en puisant ses motifs dans le règne végétal. Il pense aussi que l'architecture doit s'accorder aux processus vivants de la nature « parce que ces processus, ces rythmes sont essentiels, organiques, logiques au-dessus de toute logique livresque »[1]. Hagen Biesantz parle à propos du premier Goethéanum et de l'impulsion de Steiner en architecture d'un « fonctionnalisme au sens de l'esprit » : « Le style ornemental de R. Steiner a élevé le principe du fonctionnalisme basé sur la simplification de l'objet à un fonctionnalisme spirituel-vivant »[2].

C'est en 1925 que les frères Perret créent en France dans la région parisienne une entreprise de béton armé associée à une agence d'architecture. Cette organisation originale va leur permettre d'exploiter les potentialités du béton armé dont ils seront les plus fervents défenseurs.

Après l'incendie du premier Goethéanum à la fin de l'année 1922, il ne resta plus que le socle en béton. Steiner décida de le reconstruire le plus vite possible. Il n'était pas question de refaire le premier Goethéanum à l'identique mais de « métamorphoser » l'édifice en bois en un bâtiment en béton armé. Ce deuxième Goethéanum fut construit entre 1924 et 1928.

L'ensemble de la forme extérieure donne l'impression d'un gigantesque modelage en creux, coiffé d'un grand chapeau bien couvrant et protecteur. En effet, la toiture est grise et semble donner du corps et de la stabilité à l'ensemble du bâtiment ; elle permet aussi une bonne intégration de la forme générale dans le paysage des collines du Jura suisse. Par ses formes organiques, cette réalisation est une concrétisation des paroles et de la pensée d'Auguste Perret : « le béton sorti de décoffrage est tout vibrant ».

1. *Les Cahiers d'Ifma*-France n°1, p. 4.
2. Biesantz, Hagen et Klingborg, Arne, *op. cit.*, p. 30-31.

Steiner, lui, s'exprime ainsi le 1er janvier 1924 après avoir réalisé la maquette en plastiline :

> Je voudrais obtenir — conformément aux nécessités du béton dans le cas d'une toiture en surfaces dont « la chute » représente pour l'œil une certaine force de pression —, je voudrais obtenir que cette force de pression soit retenue pour l'œil également, par le portail et par les corniches des fenêtres respectives. Je voudrais obtenir simultanément l'expérience intérieure spirituelle que c'est là un portail qui nous accueille, ou bien une fenêtre qui accueille la lumière, afin de lui ouvrir l'accès à l'intérieur. Mais je voudrais manifester aussi par cette forme comment le Goethéanum pourrait être une manière de protecteur pour celui qui, dans cet édifice, cherche l'esprit[3].

L'édifice reste très massif et se dresse comme un bloc homogène devant le paysage qui l'entoure. Mais il s'allège au contact de la lumière, de la nature et du vent et c'est une architecture expressive jusqu'à l'intérieur. Le premier Goethéanum s'intégrait davantage et de façon organique dans le paysage de par ses formes, la rondeur souple de ses coupoles et sa taille plus modeste. L'utilisation du béton armé, à l'instigation des Frères Perret, permet de remplir une fonction tout en donnant à l'édifice construit une expressivité, acquise grâce à son potentiel modulable et malléable.

L'impression générale que fait ce bâtiment, bien que plus grand et plus haut, est un peu similaire à celle du premier : le béton semble modelé et sculpté comme l'était le bois du premier Goethéanum, mais cette fois en creux, en concave plutôt qu'en convexe.

Ce deuxième Goethéanum subit toujours des transformations. Il s'inscrit dans un mouvement d'architecture organique-plastique qui fit suite à l'Art nouveau :

> Rudolf Steiner pour sa part voyait le style — anthroposophique — dans un juste milieu entre l'Impressionnisme et l'Expressionnisme. Cela signifie qu'on peut parler d'impressions architecturales aussi bien que d'architectures expressionnistes[4].

En ce début de XXe siècle, le projet architectural de Steiner s'avère être très novateur. Il s'inscrit dans un contexte européen de recherche artistique très particulier.

3. *Ibidem*, p. 65.
4. *Ibidem*, p. 100.

L'Art nouveau (« *Jugendstil* », en Allemagne, « Style Liberty » en Angleterre) représenté par Gaudí en Espagne, Horta en Belgique, Guimard en France, cherche son inspiration dans les formes végétales. Ce courant novateur désirait réaliser « une synthèse des arts ». C'était un renouvellement total de l'architecture qui était visé mais aussi un renouveau de tout le milieu de vie : les architectes William Morris, Henry van der Velde, Louis Sullivan et son élève Franck Lloyd Wright, Walter Gropius et Le Corbusier éprouvent ce besoin d'une conception totale de la vie qui se concrétise dans un bois gravé de Lyonel Feininger considéré comme le Manifeste du *Bauhaus*. Il représente une cathédrale à trois portes et trois flèches couronnées de trois étoiles rayonnantes. C'est la cathédrale de l'avenir qui symbolise l'œuvre collective surgie d'un idéal commun dans une communauté de travail qui repose sur une alliance entre artistes et artisans. Par le travail manuel, tout le monde est appelé, indifféremment, à collaborer à la « construction de l'avenir ».

L'image de la cathédrale est symboliquement et spirituellement très chargée. Elle fut à l'origine de la création de l'école du *Bauhaus* où l'architecture, la sculpture, la peinture, la décoration intérieure, les arts appliqués travailleront dans le contact le plus étroit avec les entreprises artisanales et les industries du pays.

Steiner parlait d'une réconciliation des arts et ce bel idéal a été concrétisé à Dornach entre 1913 et 1918, quelques années seulement avant l'ouverture du *Bauhaus*.

Pour la réalisation du premier Goethéanum[5], tous les corps de métier étaient représentés sur les lieux mêmes de la construction et travaillaient tous autour d'un même but, le « *Bau* » : architectes, dessinateurs, géomètres, ingénieurs, charpentiers, menuisiers, sculpteurs, verriers, peintres, chimistes, artisans du métal...

Steiner, initiateur du projet, en était le maître d'œuvre. Cette œuvre commune devait devenir la maison du verbe, mais aussi « la maison de l'art, du sensible ». Toute l'architecture devait concourir à la possibilité d'une perception sensible des surfaces : les murs étaient sculptés à l'intérieur et à l'extérieur, la lumière pénétrait dans le bâtiment par des surfaces colorées et gravées dans la masse (une technique inventée sur place pour éviter la coupure des sertis de plomb des vitraux du Moyen Âge), les entrées et les sorties étaient marquées par des formes sculptées particulières, les deux coupoles, argentées à l'extérieur, montraient à l'intérieur des images

5. Cf. le cahier d'Illustrations.

du développement de l'homme peintes dans des flots de couleurs mouvantes, les chapiteaux, les architraves, les colonnes elles-mêmes... Tout cet ensemble architectural stimulait une activité sensorielle très vive.

Un article de Rex Raab fait le point sur la place de Steiner dans la littérature spécialisée en architecture. Il fait alors référence à un livre de l'architecte Wolfgang Pehnt intitulé *Architektur des Expressionismus*, paru en 1973 et cite ce passage :

> Cette modeste demeure spirituelle, comme l'épouse de Rudolf Steiner appelait la nouvelle Maison, est cependant en vérité l'une des réalisations architecturales-plastiques les plus grandioses du XXe siècle. Son caractère monumental n'est pas dû au volume de sa masse, mais à la manière dont cette masse modelée incorpore tous les détails. Sa forme extérieure compacte, les surfaces angulaires ou arrondies menant d'un niveau vers le suivant, semblent obéir à un jeu changeant de forces, qui tantôt jaillissent du dedans, tantôt compriment du dehors. Un même principe met en relation le haut et le bas. La façade ouest dresse avec force niveau sur niveau, de même les ailes nord et sud, bien que d'une sculpture plus modeste. Les piliers situés de part et d'autre de l'auditorium (Grande Salle) semblent par contre plonger tels des racines aériennes. Les arêtes et surfaces visibles du béton modèlent sans cesse différemment la lumière du jour, allant d'un gris clair argenté jusqu'aux nuances du noir le plus sombre[6].

Les bâtiments qui entourent le Goethéanum construits entre 1913 et 1940 relèvent de plusieurs tendances artistiques, l'impressionnisme et l'expressionnisme : la maison Duldeck, la chaufferie, le bloc électrique, la maison du vitrail, les maisons de l'eurythmie, le restaurant. Dans leurs formes elles manifestent une impression et une expression du monde extérieur et du monde intérieur, du monde sensible et suprasensible, jusqu'à une pénétration réciproque. C'est alors que le bâtiment devient sculpture. D'où le concept d'ArchiSculpture qui émergea au début du XXIe siècle.

La réalisation du deuxième Goethéanum dénote d'un souci similaire avec le béton comme matériau de base. La maquette de Steiner, pour ce bâtiment réalisé entre 1924 et 1928, a été présentée à plusieurs reprises, lors de l'exposition « Traces du sacré » à Paris, en 2008 et à la fondation Beyeler-Riehen près de Bâle en Suisse, à l'occasion de l'exposition intitulée « ArchiSculpture — dialogue entre l'architecture et la sculpture du

6. *Ibidem*, p. 102.

XVIIIe siècle à nos jours », en 2004/05. Le concept d'ArchiSculpture y était présenté par un dialogue entre architectes et plasticiens.

Dans le catalogue de l'exposition, plusieurs historiens de l'art et architectes, dont Mario Botta, répondent à la question : l'architecture veut-elle devenir sculpture ?

> L'architecture se distingue de la sculpture en cela qu'elle appartient toujours à un endroit qui est unique. Cela signifie en conséquence que le contexte du lieu d'implantation fait partie de l'architecture. C'est donc le lieu qui marque sa distinction et qui la différencie de la sculpture. Partant de ce principe, toutes les formes plastiques sont possibles (Rudolf Steiner, Antonio Gaudí, Le Corbusier). La différence mentionnée plus haut sépare d'emblée de façon claire l'architecture de la sculpture. Les influences réciproques sont légitimes, mais ne confondons pas ce qui est lié à un lieu avec ce qui est profondément enraciné dans le sol, et donc à la géographie, au lieu et à son histoire[7].

Les soucis de Steiner, pour la conception de l'architecture du deuxième Goethéanum, montrent des soucis similaires à ceux de Mario Botta : une fluidité des formes alliée à une structure architectonique soumise aux exigences du matériau employé, ici le béton. Les formes extérieures et intérieures — c'est la conception du mur vivant — obtenues par des coffrages, se différencient en des surfaces souples et angulaires qui mettent le bâtiment en relation avec le paysage environnant (les collines du Jura). Par sa forme imposante, haut placée sur la colline de Dornach, il se dresse, dédié à l'accueil, la recherche, la rencontre et la culture.

L'impressionnisme et l'expressionnisme

Les conceptions artistiques de Steiner ont déjà été abordées dans les chapitres précédents, qui montrent que l'art tient une place fondamentale

7. In : *Catalogue de l'exposition ArchiSkulptur* — Dialoge zwischen Architektur und Plastik vom 18. Jahrhundert bis heute, Fondation Beyeler, Hatje Cantz Verlag, Germany, p. 48 : « Die Architektur unterscheidet sich von der Skulptur, da sie immer zu einem Ort gehört, der einmalig ist. Dies bedeutet zudem, dass der Kontext des Territoriums Teil der Architektur ist. Es ist folglich der Ort, der die Architektur kennzeichnet und sie von der Skulptur unterscheidet. Von diesem Grundsatz ausgehend sind alle plastischen Formen möglich (Rudolf Steiner, Antonio Gaudí, Le Corbusier und so weiter). Der oben erwähnte Unterschied trennt somit eindeutig die Architektur von der Skulptur. Die Wechselseitigkeit der Einflüsse ist legitim, aber verwechseln wir nicht, was ortsungebunden ist, mit dem, was im Boden verwurzelt und somit auch an die Geografie, an den Ort und an seine Geschichte gebunden ist ».

dans la démarche sociale et culturelle de la Société anthroposophique. Il y est même question d'une urgence salvatrice par l'art qui est mis au centre de toutes les activités : l'art du mouvement ou eurythmie, l'art de la parole et de la diction, la musique et les arts plastiques.

Steiner fit de nombreuses conférences sur l'art ancien lors de la construction du premier Goethéanum, mais il intervint aussi auprès de ses contemporains, à leur demande, pour donner une vision plus large de la société et de la nécessité d'une prise de conscience d'un salut par le moyen de l'art. Il caractérise le siècle d'avant de matérialiste — un matérialisme nécessaire — mais il met aussi l'accent sur les facultés psychiques, sensibles, physiques et spirituelles de l'homme et sur la nécessité urgente de les éduquer de façon égale pour un développement harmonieux de tout l'être humain.

Si dans les anciennes civilisations, les mystères initiaient aux vérités terrestres et spirituelles, au XXe siècle, l'art se révèle être le moyen le plus approprié pour remettre l'homme en place et en phase avec lui-même et avec ses contemporains. Mais pourquoi et comment ?

La question de l'origine spirituelle de l'homme reste la question fondamentale d'où découlent toutes les autres. Steiner et avec lui Kandinsky soulignent la nécessité du retour à une patrie spirituelle-terrestre pour le premier et au besoin urgent de spirituel pour le second, en faisant appel aux facultés artistiques de chaque être humain.

La fin du XIXe et le début du XXe siècle avaient vu émerger plusieurs courants artistiques comme l'impressionnisme en France avec Claude Monet, Alfred Sisley, Pierre Auguste Renoir, Paul Cézanne, et un peu plus tard en Allemagne l'expressionnisme avec Emil Nolde, Max Beckmann, Otto Dix, Georges Grosz. Ces deux directions artistiques étaient très discutées au début des années vingt.

En 1918, Steiner donna deux conférences à Munich sur « Le sensible et le suprasensible réalisés par l'art ». Il pose alors la question qu'il juge vitale du rapport de l'art avec le sensible et le suprasensible pour la création plastique et le plaisir artistique. La réponse à cette question met en relief les différentes dispositions d'âme des artistes. Les créations des artistes de *l'Almanach du Cavalier Bleu* semblent répondre à un besoin d'expression provoqué par des visions intérieures tandis que celles des artistes impressionnistes vont à la recherche des mystères cachés de la nature. L'artiste peut amener jusqu'à l'œuvre une vision intérieure mais aussi une vision extérieure : il va à la rencontre des profondeurs de l'âme humaine en les révélant et en les montrant, et il pénètre aussi dans les tendances cachées de la nature en les libérant et en leur donnant forme. L'art est une rencontre entre le sensible et le suprasensible, entre le conscient et l'inconscient dans l'âme humaine qui aspire d'une part à voir dans l'œuvre d'art se révéler ce qu'elle perçoit de façon plus ou moins consciente dans le monde où elle vit (attitude impressionniste), et d'autre part à trouver l'expression de ses propres visions inexprimées et ne passant pas toujours le seuil de la conscience (expressionnisme)[8].

Steiner examina aussi ces deux courants de façon approfondie à l'occasion de plusieurs conférences qu'il donna à Vienne, Berlin, Munich et Dornach entre 1888 et 1921[9]. C'est dans ce contexte qu'il les définit comme « les deux sources de tout art » :

> Je crois que dans toutes les tendances et les aspirations différentes qu'on a entrepris de réaliser, mais qui sont arrêtées dès leur début, et qui s'attribuent le qualificatif d'impressionnisme, on peut ressentir le désir de notre époque de se mettre vraiment en quête des secrets de la nature dont nous parlons, de découvrir réellement le sensible-suprasensible de cette sorte et de lui donner forme.

Les artistes impressionnistes, dont Monet est le représentant le plus éminent en France, plongent vraiment au sein de la nature avec l'intention de saisir au plus proche les lumières et les couleurs par l'intermédiaire des arbres, de l'eau, des nuages, des pierres ; d'où les séries des meules (Kandinsky en fit l'expérience fulgurante à Moscou), des nymphéas, des peupliers, des cathédrales de Rouen... Monet « ne formait pas d'autre vœu que de se mêler plus intimement à la nature et ne convoitait pas d'autre destin que d'avoir, selon le prétexte de Goethe, œuvré et vécu en harmonie avec ses lois ».

Autre est le geste intérieur et artistique des expressionnistes, qui traduisent picturalement les images. Steiner parle de visions et même du besoin de visions qui surgissent de façon irrépressible des profondeurs de la vie de l'âme. Elles doivent à la fois être réprimées parce que dangereuses et relevant parfois de la pathologie, mais l'artiste peut aussi les maîtriser et les exprimer sous forme d'image picturale ou de sculpture par exemple : « Ce qui s'accomplit là, à savoir qu'une vision réprimée est satisfaite, ou bien que quelque chose est opposé à la nature qui reproduit

8. Steiner, Rudolf, *L'Art, sa nature, sa mission*, Paris, Triades, 1990, p. 52-56.
9. Steiner, Rudolf, *L'Art, entre sensible et suprasensible*, Laboissière en Thelle, Triades, 2009, p. 67.

son processus, on y a toujours aspiré. Car ce sont là, en fait, les deux sources de tout art »[10].

Klee dans ses « Approches de l'art moderne » aborde aussi ces deux courants :

> L'un et l'autre invoquent un point décisif de la genèse de l'œuvre : pour l'impressionnisme, c'est l'instant récepteur de l'impression de la nature ; pour l'expressionnisme celui, ultérieur, et dont il n'est parfois plus possible de démontrer l'homogénéité terme à terme avec le premier, où l'impression reçue est rendue. Dans l'expressionnisme, il peut s'écouler des années entre réception et restitution progressive, des fragments d'impressions diverses peuvent être redonnés dans une combinaison nouvelle, ou bien encore des impressions anciennes réactivées après des années de latence par des impressions plus récentes. Partant de la nature, on reconnaît d'emblée dans l'impressionnisme une attitude plus simple, plus directe, et un champ plus restreint. L'impressionnisme s'ouvre à la nature passivement, il l'aborde dans un état d'entière disponibilité visuelle et cherche à la connaître dans ses effets d'optique. [...] Ce style, [...] nous trouvons au contraire aujourd'hui qu'il s'est arrêté à l'observation de la forme au lieu de s'élever jusqu'à la construction active de la forme. Une conséquence majeure de l'attitude expressionniste est en effet d'élever la construction au rang d'un moyen d'expression, son attitude opératoire. L'impressionnisme pur ignorait la construction[11].

Les artistes expressionnistes du début du XXe siècle (les fauves en France) sont à la fois les héritiers des impressionnistes et leurs adversaires. Dans un mouvement progressif mais inexorable, ils prennent la couleur à bras le corps, s'attaquent à la légitimité du motif et font exploser les règles de composition du tableau. La réalité d'une scène de viol du peintre Max Beckmann devient surréelle (visionnaire) au moment où éclatent les règles de la perspective classique et où l'espace se rétrécit à l'aune du paramètre intérieur de vision du spectateur-regardeur-violeur. De même, les « images non peintes » d'Emil Nolde qui semblent nées de ses visions intérieures et où la couleur (aquarelle) posée sur la feuille est le déclencheur du processus pictural.

Le sensible et le suprasensible se rejoignent dans l'expérience et la création artistiques car :

> L'essentiel, c'est que l'art ne représente ni le sensible ni le supra-sensible, mais le sensible-suprasensible, quelque chose où, à travers le sensible, affleure un reflet direct d'une expérience suprasensible. Ni le sensible ni le

10. Steiner, Rudolf, *ibidem*, p. 67.
11. Klee, Paul, *Théorie de l'art moderne*, Paris, Denoël-Folio Essais, 1985, p. 9-10.

suprasensible ne peuvent être réalisés par l'art. Seul peut l'être le sensible-suprasensible[12].

Les deux courants impressionniste et expressionniste se révèlent complémentaires. Le processus de création artistique et la faculté de connaissance suprasensible se rejoignent lorsque l'âme de l'artiste et ses facultés de perception entrent en dialogue pour créer l'œuvre. Le moi de l'artiste au sein duquel vit la connaissance suprasensible s'appuie sur l'organisation corporelle, qui joue un rôle important dans le processus de création artistique.

Dans cette même conférence, Steiner conduit le lecteur dans l'atelier de l'artiste moderne qui étudie vraiment les différentes couleurs et la lumière dans ses nombreuses gradations. Car autant pour les impressionnistes que pour les expressionnistes, la couleur joue un rôle très important ; elle prend en quelque sorte une autonomie et rentre dans la lumière et l'obscurité avec une plus grande liberté.

Lumière et obscurité, effets lumineux et sombres sont alors regardés et pris en compte dans le choix même de la couleur posée sur la toile. Au sein du groupe impressionniste et néo-impressionniste ou luministe, la touche en virgule ou sous forme de point porte sa couleur propre. Leur juxtaposition et leur superposition engendrent des nuances de couleurs visibles à l'œil nu, expérimentées et décrites par le théoricien des couleurs, chercheur à la manufacture des Gobelins à Paris, Auguste Chevreul. C'est ce qu'il appelle la loi des complémentaires et des contrastes simultanés. La couleur est ramenée à elle-même et considérée pour elle-même :

> Si l'on oriente sa sensibilité dans cette direction, on découvre comment ressentir la couleur, on découvre ce que dit la couleur [...]. Les couleurs claires : les rouges, les jaunes, nous assaillent effectivement, ils nous disent beaucoup de choses. Les bleus sont ce qui apporte à l'image ce qui assure la transition vers la forme[13].

Steiner cite ensuite Paul Signac, tout en s'attardant sur les secrets dévoilés de la couleur si l'on prend le temps et le soin de les regarder dans leur être propre :

> Le bleu, le violet, sont des couleurs qui font passer l'image du caractère expressif à celui de la perspective intérieure. Et l'on peut vraiment se représenter qu'en utilisant le bleu seul, à côté des autres couleurs, on obtiendrait

12. Steiner, Rudolf, *ibidem*, p. 85.
13. Steiner, Rudolf, *ibidem*, p. 69.

> une perspective merveilleuse, intense, sans dessiner le moins du monde. C'est par cette voie que l'on progresse. On en vient à reconnaître que le dessin peut vraiment être ce que l'on voudrait appeler l'œuvre de la couleur[14].

Les chemins de ces artistes se croisent et se rejoignent à travers la couleur qui devient reine à partir de Delacroix et qui va repousser le motif pour occuper à elle seule tout l'espace de la toile jusqu'à l'abstraction (Mondrian, Kandinsky, Klee). Mais elle prend là le risque de se laisser de nouveau enfermer dans un carcan dont elle aura du mal à sortir.

La couleur devient alors le sujet de la peinture. Steiner parle aussi, dans ces mêmes conférences, de l'incarnat, la couleur de la peau humaine. Dans la vie ordinaire, nous faisons constamment l'expérience de la rencontre avec d'autres êtres humains. Nous percevons la forme du visage, l'attitude du corps, les gestes de celui avec lequel nous entrons en contact. Et la clé qui permet une vraie rencontre est la perception de l'incarnat, couleur insaisissable qui peut passer par toutes les nuances des plus claires aux plus obscures. Les manifestations de pâleur et de rougissement expriment des états d'âme qui permettent de déceler l'état psychique et intellectuel de la personne avec laquelle on s'entretient. La perception attentive des variations de la couleur de la peau donne une qualité supplémentaire aux rapports humains, car elle permet d'approcher l'état intérieur de la personne.

C'est ce que Steiner appelle la clairvoyance, terme qu'il précise :

> N'allez pas vous imaginer que la clairvoyance consiste à se développer et à porter ensuite un regard spirituel sur les êtres et les choses. Le chemin qui mène au monde spirituel est compliqué et présente de nombreux aspects. Le principal problème pour accéder à l'intériorité de l'autre est l'expérience de l'incarnat[15].

Apprivoiser, chercher cette couleur subtile et mystérieuse de l'incarnat, de la carnation de la peau, semble donc une tâche importante pour les artistes plasticiens. On peut évoquer à ce propos les recherches picturales de Ferdinand Hodler, Egon Schiele ou Gustave Klimt, et l'éveil et l'approfondissement du regard qu'elles ont engendrés et enrichis pour les rencontres humaines.

14. *Ibidem*, p. 70.
15. *Ibidem*, p. 132.

Les gestes impressionniste et expressionniste ainsi que l'expérience du sensible et du suprasensible, se révèlent des gestes artistiques complémentaires, à la base de toute création, même et surtout humaine et sociale.

Les colonies d'artistes

Au début du XXe siècle, des personnes en recherche d'une nouvelle forme de vie se regroupent de manière organique autour d'un projet commun[16]. L'expérience de Dornach autour du Goethéanum est exemplaire. D'autres communautés, en Europe à la même époque, tentèrent des expériences semblables de regroupement autour d'un même but.

À la fin du XIXe siècle, le futur peintre Wassily Kandinsky s'installe en Allemagne à Munich où il crée un groupe de travail de peinture et de dessin en marge de l'Association Phalanx (la Phalange), auquel va très vite s'inscrire Gabriele Münter, qui revenait d'un voyage de deux ans aux États-Unis et qui souhaitait poursuivre une formation artistique.

Ils voyagent ensemble en Russie, en Hollande, en Allemagne, en Italie, en Suisse, en France, en Suède, au Danemark, peignent et exposent dans les grandes capitales européennes de l'art : Paris, Bonn, Stockholm…

C'est au cours de l'été 1908 que Kandinsky et Gabriele Münter découvrent la vieille ville de Murnau en Bavière, dans les Préalpes bavaroises. Demeurant plusieurs semaines dans ces lieux avec leurs amis artistes Alexej Jawlensky et Mariane von Werefkin, ils élaborent un nouveau style de peinture expressionniste.

En 1909, ils fondent avec d'autres peintres la « Nouvelle Association des artistes munichois » (*Neue Künstlervereinigung München*–NKVM) qui préfigure le groupe du « Cavalier bleu » (Der Blaue Reiter).

Au cours du printemps et de l'été, Gabriele Münter et Kandinsky travaillent fréquemment avec Jawlensky et Mariane von Werefkin à Murnau. À la fin de l'été, Gabriele Münter se décide à acheter une maison sur les hauteurs de Murnau avec une belle vue sur le château qu'elle a peint plusieurs fois.

Cette maison de Murnau fut un lieu de rencontre et de grande créativité. On y voit des peintures de Kandinsky sur les murs, les rampes d'escalier, les meubles. D'autre part les tableaux de cette époque témoignent

16. On peut mentionner ici le groupe de Barbizon dans la forêt de Fontainebleau autour du peintre Théodore Rousseau, précurseur des impressionnistes, et plus tard les peintres de Pont-Aven autour de Gauguin.

d'une amitié féconde et de créations plastiques originales : peintures sur et sous verre, gravures sur bois et sur linoleum, huiles.

Ce petit cercle d'artistes traversa une période de grande productivité grâce à un travail en commun intensif et à des échanges fructueux. L'époque de Murnau, en 1908, symbolise une rupture avec la peinture classique allemande, elle annonce la naissance de l'art moderne. Pour Kandinsky, elle marque le début de la peinture abstraite.

Les artistes expressionnistes allemands (Kirchner, Heckel, Pechstein) de « Die Brücke », association fondée en 1905, étaient déjà actifs dans le nord et le centre de l'Allemagne. Les fauves en France autour de Matisse, Derain, Vlaminck... mettaient un coup de patte énergique dans le conformisme ambiant. Ces derniers revendiquaient la force de la couleur avec toute la puissance des rugissements d'un fauve. Peu de temps après, on assistait au surgissement du cubisme avec « Les demoiselles d'Avignon » de Picasso en 1907.

Kandinsky et Marc fondent alors le groupe du « Cavalier bleu » et organisent la première exposition à la galerie Tannhauser à Munich.

L'Almanach du Cavalier Bleu parut en mai 1912. Une petite exposition fut alors organisée à Munich avec la participation de August Macke, Robert Delaunay, Arnold Schönberg, Henri Rousseau, Campendock, Elisabeth Epstein, les frères Bourliouk et Albert Bloch. Cette exposition s'organisait sur deux axes selon Kandinsky, la grande abstraction et le grand réalisme ; elle trouva ensuite asile à Berlin en 1912 pour l'inauguration de la galerie d'Herwalth Walden « Der Sturm ». Une autre exposition comportant seulement des travaux graphiques circula encore dans plusieurs villes allemandes. Elle intégrait des travaux de Picasso, Braque, Vlaminck, Natalia Gontcharova, Malevitch et des artistes de « Die Brücke ».

Mais malgré le succès remporté par *l'Almanach*, Kandinsky et Marc ne purent achever le second tome initialement prévu.

En 1914, le déclenchement de la Première Guerre mondiale mit fin à cette étroite collaboration entre plusieurs artistes de diverses nationalités. Kandinsky retourna en Russie, Gabriele Münter vécut quelques années en Suède et au Danemark, Macke et Marc moururent sur le champ de bataille à Verdun, Jawlensky et Mariane von Werefkin émigrèrent en Suisse où Klee faisait son service militaire.

Il reste à mentionner le groupe des « Blauen Vier » (les quatre Bleus) composé de Klee, Kandinsky, Feininger et Jawlensky, qui poursuivirent leurs travaux après la guerre : au *Bauhaus* pour les trois premiers et en Suisse pour le quatrième.

Quant à Gabriele Münter, sa rupture avec Kandinsky, imposée en partie par la guerre, la déstabilisa beaucoup pendant plusieurs années. Lorsqu'elle retrouva sa source créatrice et qu'elle put se remettre à peindre, elle conduisit son travail avec beaucoup de rigueur en réinterrogeant constamment ses moyens techniques graphiques. Elle créa, quelques années plus tard, la fondation Lenbachhaus à Munich dans laquelle sont rassemblées un grand nombre d'œuvres de Kandinsky réalisées avant son départ en Russie en 1914.

Gabriele Münter garda toujours sa maison de Murnau qui devint un musée après sa mort. Elle garde la mémoire du travail et des recherches de plusieurs artistes qui se rencontrèrent dans ce lieu, dans un environnement naturel inspirant, propice à leurs innovations. Murnau fut le creuset de la peinture abstraite et du postulat fondamental du « spirituel dans l'art ».

Au Bauhaus à Weimar, Dessau et Berlin

Au *Bauhaus*, qui était une école de formation et d'apprentissage aux arts plastiques et aux arts appliqués, régnait une atmosphère communautaire de travail. Malgré les nombreuses difficultés avec les autorités administratives et les déménagements successifs, les élèves et leurs maîtres d'ateliers purent maintenir un bon rythme et une atmosphère dynamique de travail.

Des étudiants témoignent de cette vie communautaire très vivante et vivifiante, protectrice aussi, et propice à la création et à l'innovation :

> Le *Bauhaus* était un endroit essentiellement poétique, où nous vivions une vie prenante, où l'on se sentait à l'abri du monde extérieur hostile, où se produisaient constamment des événements intérieurs inouïs, preuves de créativité comme on dirait aujourd'hui, où l'on inventait sans même s'en rendre compte parce qu'on était parti dans des directions inhabituelles. L'atmosphère était poétique et amoureuse à la fois et les souvenirs de mes vingt ans sont liés à toute une sphère de désirs où l'élan vers autrui était un ingrédient, un mobile, une raison d'être d'une force extrême.

Ce témoignage d'Albert Flocon[17] est corroboré par d'autres qui revendiquent cette vie en communauté comme existentielle et fondamentale pour la pérennité de l'école.

17. Albert Flocon-Mentzel, né en 1909, fut étudiant au *Bauhaus* entre 1927 et 1931. Il travailla essentiellement à Paris, après la guerre à partir de 1946 comme graphiste et graveur. Il fut aussi professeur de perspective à l'École des Beaux-Arts de Paris. In : Richard, Noël, *Encyclopédie du Bauhaus*, Paris, éditions Aimery Somogy, 1985, p. 174.

Ce mode de vie supposait des rencontres constantes aux repas, dans les ateliers, dans les douches, « maîtres et étudiants mêlés, malgré les différences et les différends »[18].

Les rencontres se faisaient grâce à une vie quotidienne hygiénique (y compris la gymnastique et le sport), dans les ateliers pour les apprentissages, et à une vie culturelle foisonnante avec théâtre, fêtes et expositions ouvertes au public. De nombreuses photos montrent professeurs et élèves déguisés dansant et festoyant ensemble.

Ces fêtes à thèmes (masques, métal...) donnaient une direction artistique et une contrainte positive aux organisateurs et aux participants. Elles permettaient aussi d'accroître le potentiel créatif des étudiants.

Lorsque le *Bauhaus* dut déménager à Dessau en 1926, Gropius obtint un permis de construire pour l'édification d'un bâtiment adapté aux besoins de l'école dont il fit les plans. Les professeurs eurent leurs appartements, les élèves leurs salles de travail appropriées et un quartier d'habitation pour leurs logements. Ces bâtiments en fer, béton et verre, étaient blancs, de forme cubique, et communiquaient tous entre eux.

Pendant les quatorze années de son existence et malgré les nombreuses attaques venant de l'extérieur mais aussi de l'intérieur, le *Bauhaus* resta fidèle à sa ligne de travail et fut un vrai vivier pour la création contemporaine dans les domaines de l'architecture, du design, et des arts plastiques plus généralement.

À Worpswede, au nord de l'Allemagne

Au même moment, dans un paysage tout à fait différent, se constituait une petite communauté d'artistes qui fit également parler d'elle.

Worpswede est un petit village de paysans au nord de l'Allemagne, en Basse-Saxe, près de Brême. Le ciel y est bas et les maisons entourées de marécages. Les paysages paraissent à la fois romantiques et mélancoliques.

En 1889, une colonie d'artistes sortis de l'École des Beaux-Arts de Düsseldorf vint s'y installer avec la ferme intention de créer un nouveau style de paysage en réaction avec l'enseignement de leurs professeurs. Ils prônaient un retour à la nature et aux valeurs sûres de la paysannerie. Ils étaient à la fois proches des peintres de l'école de Barbizon (Théodore Rousseau, Millet) ainsi que de la tendance expressionniste allemande.

18. *Ibidem*, p. 174.

Ils s'appelaient Fritz Mackenzen (1866-1953), Heinrich Vögeler (1872-1942), Otto Modersohn (1865-1943), Paula Becker (1876-1907), Clara Westhoff (1878-1954). Peintres et sculpteurs, ils travaillaient en communauté, rejoints et encouragés par le poète Rainer Maria Rilke. Leurs peintures représentaient la campagne alentour, les reflets du ciel dans les marais, la suite des saisons ; on y lisait une grande mélancolie du paysage.

Paula Becker et son amie Clara Westhoff, un peu plus jeunes, les rejoignirent plus tard. L'une était peintre, l'autre était sculpteur. Elles avaient toutes deux une grande curiosité artistique qui les poussa à voyager et à fréquenter les centres artistiques européens actifs comme Paris au début du XXe siècle. La première épousa le peintre Otto Modersohn, la seconde le poète R.-M. Rilke. Elles fréquentèrent toutes deux les cercles artistiques parisiens et l'atelier de Rodin. Le cercle artistique de Worpswede était trop étroit pour elles et encore trop conventionnel.

Paula Modersohn-Becker fit plusieurs séjours à Paris entre 1900 et 1907, année de sa mort ; elle cherchait à entrer en contact avec les différents courants qui fleurissaient et elle aspirait à connaître toutes les nouveautés en matière d'art. Seule ou en compagnie de Clara Westhoff, elle fréquentait les musées, visitait les galeries et dessinait dans différents ateliers.

« En deux mots, peindre c'est : voir, ressentir, faire [...] »[19]. Voilà ce que la peinture signifiait pour Paula Modersohn-Becker, écrit Otto Modersohn, son mari, en 1902. Elle travailla très assidûment à perfectionner tous ses moyens graphiques, techniques, la forme et la couleur, de façon à pouvoir librement composer ses tableaux. Le travail et la démarche de Cézanne étaient très proches des siens.

Mais ce n'est qu'en octobre 1907, peu avant sa mort, qu'elle mentionne dans une lettre à Clara Rilke-Westhoff sa rencontre fortuite avec les œuvres de Cézanne :

> Ces jours-ci, j'ai beaucoup pensé — et je pense toujours — à Cézanne, au fait qu'il est en peinture l'une des trois ou quatre forces qui m'ont fait l'effet d'un coup de tonnerre, d'un événement majeur. Vous vous souvenez, chez Vollard, en 1900[20].

L'influence de Cézanne transparaîtra dans sa peinture : aplats de couleurs, simplification des formes, synthèse même. Paula Modersohn-Becker va à l'essentiel dans la forme comme dans la couleur en respectant la

19. Paula Modersohn-Becker, Bibliothèque Visuelle, Schirmer/Mosel, 1992, Munich-Paris, introduction de Brigitte Uhde-Stahl, p. 15.
20. Paula Modersohn-Becker, *op. cit.*, texte d'introduction, p. 13.

surface plane du support. Et elle intégra dans ses réalisations de multiples influences allant de l'impressionnisme à l'expressionnisme en passant par le cloisonnisme des nabis, le fauvisme, l'art japonais, l'art des portraits du Fayoum et de la Renaissance allemande. Tout ce qui vivait l'intéressait au plus haut point ; c'est pour cette raison qu'elle fit plusieurs séjours à Paris ; elle avait besoin de quitter l'îlot de culture un peu isolé de Worpswede, de voir le monde et du monde, même si elle y revint toujours. Elle fut aussi très active et productive bien qu'elle ne vendît que quelques tableaux pendant sa vie très courte ; ce fut sans doute sa manière personnelle de se réaliser. Son œuvre ne fut connue qu'après sa mort grâce à son mari et à ses amis de Worpswede qui organisèrent des expositions de ses travaux, en particulier le peintre Heinrich Vögeler.

Cette petite colonie d'artistes se serait peut-être asphyxiée ou complètement repliée sur elle-même sans l'activité dynamique de ces deux femmes, Paula et Clara, qui renouvelaient l'oxygène dans un endroit où l'utopie risquait de perdre son souffle et son élan. L'idéal communautaire s'est avéré difficile à réaliser et à maintenir dans la durée à Worpswede.

Les différents artistes de ce groupe se communiquèrent leurs découvertes, s'étonnèrent, se regardèrent avec surprise avant de se reconnaître vraiment et de voir leurs différences. C'est une forme de transmission qui féconda leur art.

À Monte Verità — Ascona

En Suisse dans le Tessin, autour des années 1900, se développa une communauté de personnes fuyant le développement industriel et recherchant avec ardeur et ferveur un retour à la nature et à la “vraie vie”.

Le pilier du groupe était Henry Oedenkoven, Belge, riche grâce à un héritage familial. Malade, il avait retrouvé la santé après avoir expérimenté différents procédés de thérapie naturelle et voulait faire partager à d'autres sa propre expérience. Il désirait créer un sanatorium sur cette montagne au dessus du Lac Majeur. Les autres fondateurs s'appelaient Karl et Gusto Gräser (poète), Otto Gross (psychanalyste), Rudolf von Laban (chorégraphe), Ida Hoffmann et Éric Mühsam (écrivain).

Après l'achat du terrain en 1900 et une année de travail intensif, le projet démarra véritablement en 1902. Le terrain avec l'ensemble de la colline fut immédiatement baptisé « Monte Verità », montagne de la vérité comme on peut le lire sur les premiers prospectus.

Le programme du sanatorium visait plus à la modification des mauvaises habitudes de vie qu'à des soins médicaux particuliers. Les médecins n'y jouaient pratiquement aucun rôle.

On y proposait des bains d'air et de soleil et des douches en plein air, une alimentation modérée, avant tout végétarienne et parfois intégralement crue, un habillement sans contrainte (plus de corset pour les femmes) et la nudité.

Au début et malgré lui, le groupe attira l'attention des alentours puis du reste du monde. Car en plus du végétarisme, ils pratiquaient tous les courants qui visaient à une réforme de vie sexuelle, éducative, économique et sociale : « Monte Verità » n'était pas seulement un endroit de soins naturels au sens habituel du terme, mais bien plus une école pour une vie supérieure, un lieu où l'on cherchait à acquérir des connaissances élargies et un développement de la conscience[21].

Ils portaient cependant une étiquette de « *Naturmenschen* », à partir des deux concepts de « *Natur und Natürlichkeit* » — Nature et Naturalité.

Leurs modes de vie suscitaient beaucoup de débats et de critiques dans les journaux. D'autant plus que leurs prises de position, très idéologiques pour ne pas dire fanatiques parfois, engendraient au sein même de leur groupe des départs, des séparations et des changements importants dans le cercle très mouvant des collaborateurs.

Beaucoup de personnalités se sont senties attirées par cette initiative et sont venues visiter le lieu car pour elles il était important d'avoir été là, à cet endroit qui concentrait les aspirations de nombre de personnes : une réforme de (la) vie, « *Die Lebensreform* ». C'était en effet un point de rencontre et d'échange sur tous les sujets : sociaux, culturels, artistiques, politiques, pour se réapproprier les fondements humains de la vie. C'est ainsi que vinrent en visite à « Monte Verità » Bakounine, Lénine, Trotsky, H. Hesse, E. Mühsam, H. Ball, ainsi que des artistes comme H. Arp, P. Klee, A. Jawlensky, Fidus, I. Duncan, M. Wigman jusqu'en 1920, date à laquelle les bâtiments furent mis en gérance par leur propriétaire H. Oedenkoven, qui quitta les lieux. L'endroit subit plusieurs mutations, fut racheté par un nouveau groupe de personnes moins « chargé » sur le plan idéologique, devint un lieu de détente et de loisir, et actuellement de rencontres et de colloques.

21. Extrait de la brochure rédigée par Ida Hoffmann, cofondatrice de cette communauté de vie.

En 1926, un banquier y fit construire un hôtel avec une architecture « style *Bauhaus* », très claire et épurée. Il fut transformé en centre d'activités artistiques et culturelles.

Depuis plusieurs années, un musée rassemblant les objets et lettres-témoignages des habitants de ce lieu constitué par Harald Szeemann, commissaire d'exposition indépendant décédé en 2005, est devenu un lieu de visite mythique de la colonie.

Cet endroit joua aussi un rôle d'éveilleur et de transmetteur, grâce à sa beauté majestueuse au dessus du Lac Majeur et du petit port d'Ascona au pied de la montagne, et à la richesse des impulsions concentrées dans le site. Le retour à une vie plus proche de la nature faisait également référence à l'appel nietzschéen des origines de l'homme.

L'expérimentation et la théorisation

La description de ces différents lieux, Murnau, Worpswede, Monte Verità, montre comment, d'une façon libre et spontanée au départ, des personnes qui se sont rencontrées sur des aspirations communes, décident de constituer un groupe et de mettre en pratique leurs idéaux. La définition de ces objectifs communs peut prendre plus ou moins de temps, éventuellement ne pas aboutir du tout et faire échouer le projet.

Le projet peut être mené par un leader qui le conduit avec l'accord de ceux qui sont autour de lui, ou bien être autogéré par le groupe.

Les îlots ne sont pas forcément isolés, ils peuvent même exister dans des zones urbaines très peuplées, mais ce qui les caractérise toujours, c'est une rencontre de personnes qui veulent créer entre elles d'abord, et pour d'autres ensuite, quelque chose de nouveau.

Les projets que nous avons examinés ici partent d'impulsions sociales-culturelles vitales ; ils aboutissent à des propositions et même à des créations d'avenir.

La ville de Murnau et les paysages montagneux qui l'entourent gardent encore l'empreinte de la rencontre des artistes russes et allemands qui, par leur regard et leur travail d'artistes plasticiens, transformèrent leur propre vision du lien de la nature avec l'homme en même temps que leurs contemporains modifiaient leurs regards.

Dans une tout autre atmosphère plus mélancolique de marais, la colonie des peintres paysagistes de Worpswede, isolée, attira divers artistes qui, par leurs voyages et leurs rencontres cosmopolites, introduisirent dans ce lieu une réflexion, des impulsions et des objectifs plus larges.

La communauté de Monte Verità-Ascona portait le projet fondamental du retour de l'homme à la nature et à ses besoins primordiaux dans un paysage d'une très grande beauté. Beaucoup d'artistes différents, eux-mêmes en recherche et quelquefois en mal de vivre, y vinrent se ressourcer.

Ces artistes vivaient une forme de transmission féconde entre eux. L'art était au centre et à la racine de leur volonté d'œuvrer ensemble. Chacune des colonies était différente. Comment apprécier leur fécondité pour l'avenir et leur longévité si ce n'est à la mesure de leur engagement pour leurs idéaux artistiques ?

Ces lieux rayonnent encore. Ce furent des lieux de découvertes, d'échanges, de prises de conscience humanistes, politiques et de reconnaissance réciproque. Ils ne sont pas seulement aujourd'hui des lieux de mémoire, même si leurs buts et leurs objectifs ont évolué.

L'aventure de la construction du premier Goethéanum fut aussi une concrétisation de cette idée d'îlot de culture humaine. Dans cette « colonie des anthroposophes » sur la colline de Dornach, artistes, apprentis, débutants et professionnels de plusieurs métiers se côtoyèrent et s'épaulèrent pour atteindre un objectif commun, contre vents et marées. Cette entreprise était animée d'un souffle transversal de transmission.

La fondation de la première École Steiner-Waldorf à Stuttgart en 1919 relève du même processus et de la même dynamique : une nécessité culturelle et sociale clairement formulée, un groupe de professionnels réunis autour du projet par Steiner, des moyens financiers mis à disposition, des contacts avec les administrations de tutelle et un travail intensif pour mettre en place une pédagogie adaptée aux besoins des enfants et du temps. Cette école existe toujours et a été suivie par d'autres créations : actuellement environ 1000 écoles Waldorf existent dans le monde.

Quant à l'école du Bauhaus créée la même année par l'architecte Gropius pour revivifier la production industrielle et endiguer le matérialisme par des productions artistiques nouvelles, elle fut fermée en 1933 par le gouvernement nazi. Les étudiants qui y avaient été formés essaimèrent ailleurs.

A posteriori, la colline de Dornach nous semble être un lieu privilégié pour la fondation d'un îlot de culture humaine. Joachim Berron, médecin, dans un petit livre intitulé *L'Îlot de culture humaine — Un modèle à l'image de l'homme*[22], rappelle les origines de ce concept en partant de *La*

22. Berron, Joachim, *L'Îlot de culture humaine — Un modèle à l'image de l'homme*,

République de Platon, en passant par *Le Meilleur des mondes* de Aldous Huxley, l'Abbaye de Thélème, de Rabelais et la Province pédagogique[23] de Goethe, ce qui permet de resituer ce projet.

La situation géographique de cette colline semble assez favorable ; elle est entourée des Préalpes à l'est, de collines bleutées dans le lointain au sud ; la ville de Bâle se trouve à une dizaine de kilomètres au nord. Les villages de Dornach, Arlesheim, Münchenstein... se suivent autour de la voie ferrée et de la voie de tramway qui conduisent à Bâle.

L'endroit est calme sans être isolé. En septembre 1913, lors de la pose de la pierre de fondation, la colline était pratiquement vierge de toute construction. Très vite la structure du bâtiment principal surgit au sommet de la colline, entouré de baraques-ateliers pour les architectes, les menuisiers et les charpentiers, les sculpteurs et les peintres.

Il reste une construction en bois de cette époque, appelée la menuiserie, tout à côté du Goethéanum. C'est dans cet atelier que Steiner donnait à ses collaborateurs le soir, après le travail, des conférences sur l'architecture du bâtiment en train de se construire ou sur l'histoire de l'art. Cet espace mobile servait aux répétitions des Drames-Mystères et des spectacles d'eurythmie, à la confection des décors et à des spectacles. Une autre partie de ce bâtiment, le « *Hochatelier* » ou atelier haut, abrite encore la maquette grandeur nature en plâtre faite par Édith Maryon pour la réalisation en bois du « Représentant de l'humanité ».

Très vite la colline se couvrit des constructions nécessaires : la chaufferie à la cheminée en forme de flammes en 1913, l'atelier de verre aux deux coupoles en 1914, la maison Duldeck en 1915 (en béton armé annonçant le deuxième Goethéanum) pour les donateurs du terrain, Nelly et Emil Grosheintz, les maisons d'habitation des eurythmistes dont Steiner conçut les plans avec E. Maryon en 1920, le transformateur d'électricité en 1921, l'eurythmée, la maison des Éditions en 1924 et trois maisons-ateliers construites entre 1920 et 1924. Marie et Rudolf Steiner habitaient eux-mêmes dans une maison plus ancienne, appelée Haus Hansi à l'ouest, au pied de la colline.

Association L'Île humaine, Strasbourg, 1996, p. 15-35. J.Berron était médecin et anthroposophe. Il fut très actif dans le mouvement pour la création de centres de pédagogie curative et pour la sociothérapie.

23. Goethe, *Les Années de voyage de W. Meister*, roman dans lequel Goethe décrit au livre II chapitre 1 et 2 une province pédagogique qui est une sorte d'îlot de culture humaine, puisque toute une contrée est aménagée pour les besoins éducatifs d'une école visant à la formation humaine plutôt qu'encyclopédique.

Après la destruction du premier Goethéanum, la réorganisation de la Société anthroposophique et la reconstruction du deuxième Goethéanum, la vie sur la colline s'intensifia. Cet endroit devint un centre de recherches dans plusieurs domaines : pédagogie, arts, sciences. Les deux salles de spectacle permirent d'accueillir un plus large public international pour des congrès, des sessions de travail et des spectacles.

Les demandes de formation se firent plus pressantes ; il fallut organiser des séminaires de travail à l'année et construire des lieux pour accueillir les étudiants. Actuellement ces bâtiments s'inscrivent dans le paysage urbain sur la colline de Dornach.

Cette colline abrite un îlot de culture humaine, avec le danger sous-jacent à toute communauté de fermeture sur soi-même, danger toujours latent lorsqu'un groupe d'hommes se pose en continuateur d'une impulsion à laquelle ils sont liés mais qui a perdu son leader d'origine.

Un projet de rénovation intérieure de la grande salle de spectacles a vu le jour dans les années 1990. Il était nécessaire d'y faire des travaux pour des raisons d'acoustique. Par ailleurs, la municipalité exigeait la mise en conformité des matériaux employés pour les plafonds. Après concertation, il fut décidé de la rénover dans son ensemble de la manière la plus proche de celle du premier Goethéanum en élevant des colonnes, des chapiteaux, une architrave en béton sculpté et en peignant le plafond avec les mêmes motifs qu'en 1914.

Malgré de nombreuses polémiques, ces travaux furent réalisés. Ce n'était pas la querelle des Anciens et des Modernes, mais certainement le reflet de la difficulté à gérer une succession qui peut paraître lourde et pesante, parce que très riche.

Les îlots de culture sont toujours d'actualité, et émergent un peu partout dans le monde.

Joachim Berron cite deux exemples de réalisations contemporaines dans deux endroits du monde très différents de par leurs contextes géographiques et culturels respectifs : l'un en Suède et l'autre en Égypte.

Le premier se situe à Järna, près de Stockolm, dans un environnement vallonné proche de la mer :

> L'école pour adultes, qui est un séminaire, s'est entourée au cours des années de tout ce qui signale au visiteur le moins averti la totalité d'un îlot de culture humaine. Groupés sur une vaste étendue, on voit des fermes, des écoles, des séminaires et lieux d'activités artistiques, une clinique et un édifice réservé

aux manifestations culturelles avec une salle de spectacles de cinq cents places — un ensemble de qualité excellente et d'une esthétique nouvelle[24].

En Égypte aussi, émerge une création originale :

> Plus impressionnant encore est le domaine appelé Sekem — la force solaire — tiré du sable à quelque soixante kilomètres au nord-est du Caire. Créée il y a une vingtaine d'années, l'oasis qui devient un îlot dans le désert comporte une fois de plus des éléments typiques : cultures, école, hôpital, lieux de réunion et une organisation sociale selon la loi de l'homme ; d'autant plus que la composante économique est un élément de base de ce lieu. La spécificité de cette création réside en ce qu'il s'agit d'une action anthroposophique pensée à partir de la population de tradition islamique. On y travaille ainsi à la réalisation d'un modèle d'aide au tiers-monde, expérience instructive et sujet de réflexion pour qui veut entreprendre[25].

Cette initiative égyptienne est due à un scientifique, Ibrahim Abouleish[26]. L'eau trouvée en profondeur a permis de développer un mode d'agriculture biodynamique[27] adapté aux particularités du lieu dans un pays où les terres agricoles sont appauvries.

L'apport culturel d'une telle initiative, selon la triade Science, Art et Religion, a pris de l'ampleur depuis sa création. Elle a été réalisée en fonction des réalités socioculturelles régnant en Égypte où coexistent des traditions anciennes, des influences arabes et l'empreinte musulmane.

D'autres initiatives et créations se développent actuellement en Israël, au Brésil et en Europe, ainsi qu'en Asie.

Les précurseurs de ces îlots de culture sont proches de l'initiative de la pédagogie curative selon Steiner, suivie par la sociothérapie[28]. Installés le plus souvent à la campagne, ces centres médico-pédagogiques, nombreux en France, Allemagne, Angleterre, Hollande, Scandinavie, se nourrissent à la source anthroposophique.

24. Berron, Joachim, *op. cit.*, p. 32.
25. Berron, Joachim, *ibidem*.
26. Abouleish, Ibrahim, *Sekem, une communauté durable dans le désert égyptien*, Laboissière en Thelle, Aethera, 2010.
27. L'agriculture biologique dynamique est un système de production dont les bases ont été posées par Steiner dans une série de conférences données aux agriculteurs en 1924.
28. Centres de résidence et de travail pour des adultes souffrant de différents handicaps.

De l'expérimentation à la transmission

La présence de la musique

La musique comme langage

La synthèse des arts était à l'ordre du jour au début du XXe siècle. Tout au début de la construction du premier Goethéanum, le 2 janvier 1915, lors d'une conférence, Rudolf Steiner présente sa conception de l'architecture, de l'harmonie des arts et de la complémentarité des éléments musicaux et plastiques inscrits dans les formes des colonnes, chapiteaux et architraves. Comme nous l'avons indiqué précédemment, il parle de vibration à propos du mouvement des colonnes et des architraves du Goethéanum, il évoque la musique invisible du bâtiment, où l'âme peut respirer, et il parle d'une musique de l'avenir, plus plastique[1].

Le développement des arts, le contact des artistes entre eux dans les îlots d'artistes ont mis en relief des parentés profondes entre les différents arts. On peut rapprocher par exemple des personnalités comme Monet et Debussy ou Kandinsky et Schönberg. Claude Debussy aurait voulu être peintre et Arnold Schönberg se consacra à la peinture pendant la deuxième partie de sa vie.

Dans son petit livre publié en 1911, Kandinsky emploie un langage essentiellement musical pour parler des formes et des couleurs. Kandinsky était lui-même violoncelliste amateur.

Ses souvenirs d'enfance et de jeunesse à Moscou sont très significatifs et permettent d'expliquer son cheminement personnel. Il les raconte dans *Regards sur le passé*[2], publié en Allemagne en 1913.

> Le soleil fond tout Moscou en un seul bloc, vibrant comme un tuba et secouant l'âme tout entière d'une main puissante. Non, ce n'est pas l'heure du rouge uniforme qui est la plus belle ! Ce n'est que l'accord final de la

1. Steiner, Rudolf, *L'Art à la lumière de la sagesse des mystères*, *op. cit.*, p. 132.
2. Kandinsky, Wassily, *Regards sur le passé et autres textes*, Paris, Hermann 1912-1922, 1974, p. 91-92.

> symphonie qui porte chaque couleur au paroxysme de la vie qui force Moscou à jouer comme le *fortissimo* d'un orchestre géant.
> Le rose, le lilas, le jaune, le blanc, le bleu, le vert pistache, le rouge flamboyant des moissons, des églises — avec chacune sa mélodie propre — le gazon d'un vert forcené, les arbres au bourdon plus grave ou la neige aux mille voix chantantes, ou encore l'*allegretto* des branches et des rameaux dénudés, l'anneau rouge, rigide et silencieux des murs du Kremlin, et par dessus, dominant tout, [...], le long trait blanc, gracieusement sévère, du clocher d'Ivan-Veliky. Et sur son cou, long, tendu, étiré dans une éternelle nostalgie du ciel, la tête d'or de la coupole, qui, parmi les étoiles dorées et bariolées des autres coupoles, est le soleil de Moscou.
> Rendre cette heure me semblait le plus grand, le plus impossible des bonheurs pour un artiste. Ces impressions se renouvelaient à chaque jour ensoleillé. Elles me procuraient une joie qui me bouleversait jusqu'au fond de l'âme. Et en même temps, c'était aussi un tourment, car je ressentais l'art en général et mes forces en particulier, comme bien trop faibles en face de la nature. Il fallut bien des années pour que j'arrive, par le sentiment et la pensée, à cette simple découverte que les buts (donc aussi les moyens) de la nature et de l'art se différencient essentiellement, organiquement et de par les lois mêmes du monde, et qu'ils sont aussi grands donc aussi forts.

Le langage de Kandinsky est très musical : « l'accord final de la symphonie porte chaque couleur au paroxysme de la vie qui force Moscou à jouer comme le *fortissimo* d'un orchestre géant » ; chaque couleur a sa « mélodie propre » ; il évoque aussi le « bourdon » des arbres, « l'*allegretto* des rameaux dénudés » pour conclure au fait que les lois et les buts de la nature et de l'art sont différents mais « aussi grands et aussi forts ».

Ces perceptions aiguisées de tous ses sens, ces impressions très fortes se renouvelèrent souvent dans son enfance et sa jeunesse et le conduisirent plus tard à comprendre « la possibilité et l'existence de l'art abstrait par opposition à l'art figuratif »[3].

La formation de Kandinsky n'est pas prioritairement artistique ; il fait des études de droit (romain, criminel, russe et paysan) et d'ethnographie pour comprendre l'âme de son peuple : « Toutes ces études me captivèrent et m'aidèrent à la pensée abstraite ».

> J'ai aimé toutes ces sciences, écrit-il, et je pense encore aujourd'hui avec reconnaissance aux heures d'enthousiasme et peut-être d'inspiration qu'elles me procurèrent. Seulement ces heures perdirent leur éclat au premier contact avec l'art, qui avait seul le pouvoir de me transporter hors du temps

3. Kandinsky, Wassily, *op. cit.*, p. 93.

> et de l'espace. Jamais les travaux scientifiques ne m'avaient apporté de telles expériences de tensions intérieures et de moments créateurs[4].

Musicien et plasticien, Kandinsky étudiera le droit avant de se consacrer à l'âge de trente ans à l'étude des arts en Allemagne et plus précisément à Munich, où il fera des rencontres décisives pour le développement de sa vocation de plasticien et de l'art abstrait dont il sera le précurseur au début du XXe siècle. Dès son jeune âge, ces perceptions fortes le conduisirent à établir des liens entre la musique, les couleurs et les lois de la nature. Ce qui n'est certainement pas étranger à l'évolution de son art.

Le lien avec les couleurs

Nous ne connaissons pas la date de la première rencontre entre Kandinsky et Steiner. Nous savons par contre que Kandinsky, en compagnie de G. Münter, de l'architecte Alexandre Strackosch et de son épouse Maria Strackosch-Giesler, assista à l'une de ses conférences à la Maison des Architectes de Berlin.

Steiner, à cette occasion, avait évoqué la théorie des couleurs de Goethe. Il avait aussi développé l'idée que derrière les couleurs du prisme, il était possible de percevoir une réalité spirituelle. À la fin de sa conférence, Steiner lut un extrait du *Faust II* où Faust est éveillé par des elfes accompagnés d'un être angélique prénommé Ariel. C'est aussi le moment où Faust s'ouvre à une nouvelle vie et se trouve investi de la mission d'agir dans le monde par des actes qui manifestent le spirituel qu'il porte en lui.

À la suite de cette conférence, Kandinsky fit une petite peinture représentant la scène d'Ariel du second *Faust* décrite par Steiner et l'offrit à Marie Strackosch-Giesler, une de ses anciennes élèves du groupe Phalanx.

Kandinsky assista encore à d'autres conférences de Steiner en compagnie de Jawlensky et de Mariane von Werefkin et ils eurent l'occasion de s'entretenir avec lui. Nous ne connaissons pas la teneur du ou des entretiens, mais l'intérêt que Kandinsky accorde à la couleur trouva dans les propos de Steiner un écho qui intéressait sa propre recherche. Un enthousiasme très fort s'ensuivit dans ses travaux, qui conduisit à la prise de conscience de la possibilité de nouveaux moyens plastiques.

Kandinsky était très intéressé par la théosophie. À la suite de ces conférences, il se procura des livres de Steiner et pratiqua des exercices de

4. *Ibidem*, p. 96.

méditation. Ses carnets de notes reflètent son cheminement personnel en relatant ses lectures, en particulier *La Théosophie* et *Comment parvient-on à des connaissances des mondes supérieurs ?* ainsi que l'approfondissement des méthodes de méditation.

En 1910, il acheva de rédiger un petit livre qui ne cesse d'être réédité encore aujourd'hui sous le titre original *Du spirituel dans l'art,* un manifeste de la nécessité de l'art pour l'être humain et d'un art qui propose (initie !) une ouverture au spirituel. En cela, il rejoignait la démarche de Steiner qui venait d'introduire l'expression artistique, peinture, sculpture, théâtre, musique et eurythmie au programme des congrès munichois de la Société théosophique. Il évoquait le « rapprochement entre les arts » pour enrichir leur résonance intérieure et, par leurs différences, faire jouer toute la gamme des vibrations de l'âme.

C'était l'ébauche d'une théorie des couleurs jalonnée par des expériences personnelles très fortes, notamment la visite d'une exposition des peintres impressionnistes français qu'il évoqua plus tard dans ses souvenirs comme un des jalons vers la peinture non figurative. À la sortie d'une visite d'exposition à Moscou, il consulta le catalogue et il découvrit qu'un des tableaux de Monet qu'il avait regardé et où il n'avait vu que des couleurs, représentait en réalité des meules de foin (tableau de la célèbre série des meules peintes à différentes heures du jour).

Kandinsky fut bouleversé par cette découverte : les couleurs se suffisaient à elles-mêmes, elles pouvaient prendre leur autonomie :

> La couleur est donc un moyen d'exercer sur l'âme une influence directe. La couleur est la touche, l'œil le marteau qui le frappe, l'âme, l'instrument aux mille cordes. L'artiste, lui, est la main qui, à l'aide de telle ou telle touche, obtient de l'âme la vibration juste. Il est donc évident que l'harmonie des couleurs ne doit reposer que sur le principe du contact efficace. L'âme humaine, touchée en son point le plus sensible, répond. Cette base, nous l'appellerons le Principe de la Nécessité Intérieure[5].

La théorie des couleurs développée dans ce livre par Kandinsky se fonde sur des expériences personnelles datant de l'enfance et de la jeunesse mais aussi d'un peu plus tard, de l'époque munichoise.

En Bavière, dans le village de Murnau où il séjournait, il expérimenta le pouvoir suggestif de la couleur blanche :

5. Kandinsky, Wassily, *Du spirituel dans l'art*, Paris, Éditions Denoël, 1969, p. 89.

> [...] l'été de 1911 fut exceptionnellement chaud et s'étira désespérément. Chaque matin, en me levant, je retrouvais un ciel bleu, incandescent. Des orages éclataient, laissaient tomber quelques gouttes de pluie, puis s'éloignaient. J'avais l'impression de me trouver en présence d'un malade grave qui doit transpirer à tout prix mais résiste à tous les traitements qu'on lui fait subir. À peine quelques gouttes de sueur apparaissent-elles que son corps torturé se remet à brûler. Sa peau se déchire. Le souffle lui manque. Subitement, la nature m'apparut blanche ; le blanc (le grand silence plein de choses possibles) se montrait partout et s'étendait visiblement. Je me suis souvenu plus tard de ce sentiment, en observant que j'avais accordé au blanc un rôle spécial, soigneusement étudié dans mes tableaux. Je sais depuis ce moment quelles possibilités insoupçonnées cette couleur fondamentale recèle. Je compris que j'en avais eu une conception fausse jusqu'alors, car je ne l'avais tenue pour nécessaire en grandes masses que pour faire ressortir le dessin et avais peur de la légèreté de sa force intérieure.
> Cette expérience fut pour moi d'une immense importance. Je ressentis avec une précision jamais éprouvée que la résonance fondamentale, le caractère intime inné de la couleur peut changer à l'infini à travers des applications différentes. [...] Cette découverte révolutionnait toute la peinture et ouvrait devant mes yeux un domaine auquel on ne pouvait croire auparavant.
> Autrement dit, la valeur intime, multiple, illimitée d'une seule et même qualité, la possibilité de dégager et de mettre en œuvre des séries infinies uniquement dans les combinaisons d'une seule qualité, ouvrirent devant moi les portes du royaume de l'art absolu[6].

Steiner, à la suite de Goethe, affirmait que les couleurs sont une réalité spirituelle, et Kandinsky était tout prêt à le croire d'autant plus qu'il en faisait lui-même l'expérience dans son travail de peintre. À propos du blanc, il parle même dans l'extrait précité de la « légèreté de sa force intérieure ». Le lien très fort de Kandinsky avec la couleur datait de sa petite enfance, comme en témoignent plusieurs anecdotes relatées dans *Regards sur le passé.*

Il lui fallait, à ce stade de son travail, fonder une approche méthodique des couleurs qui justifie un abandon de la figuration, comme il en pressentait la « nécessité » en peinture depuis quelques années :

> Le blanc agit sur notre âme comme un silence absolu et le noir comme un rien sans possibilités, un silence éternel, sans avenir. [...] Le gris est l'immobilité sans espoir[7].

6. Kandinsky, Wassily, *Regards sur le passé*, op. *cit.*, p. 206.
7. Kandisky, Wassily, *Du spirituel dans l'art*, *op. cit.*, p. 128-130.

Pour Steiner, le blanc est une image de l'esprit, donc une lumière. Le noir est une image de la mort, de l'inerte, donc de l'obscurité. Et de la même façon que lumière et obscurité sont indissociables, le noir et le blanc ne vont pas l'un sans l'autre.

Kandinsky présente ensuite le rouge comme « une couleur sans limites, essentiellement chaude, qui agit comme une couleur débordante d'une vie active et agitée »[8]. Mais le rouge peut aussi être froid lorsqu'il est assombri par le bleu.

Pour Steiner, le rouge, le bleu et le jaune sont trois couleurs éclatantes qui représentent chacune un éclat différent : l'éclat du vivant pour le rouge, l'éclat de l'esprit pour le jaune et l'éclat de la vie de l'âme pour le bleu.

Kandinsky parle du jaune comme d'une couleur rayonnante en mouvement vers l'avant et du bleu comme d'une couleur concentrique, plus intravertie.

Steiner parlait lui aussi du mouvement des couleurs, expliquant inlassablement aux peintres qui peignaient les coupoles du premier Goethéanum, que chaque couleur avait son mouvement propre (vers le dedans, vers le dehors, devant, derrière, enveloppant ou éclatant) et son geste (gai ou replié sur lui-même, courageux ou timide...).

La recherche de ce mouvement amenait la forme à la surface et pouvait aussi conduire au motif ou à la figure. Cela allait si loin qu'il voulait une couleur fluide fabriquée avec des pigments végétaux et badigeonnée largement sur un fond blanc pour qu'elle garde tout son éclat. Et c'est à partir et à l'intérieur d'une gamme de couleurs choisies que les figures pouvaient se dessiner.

Or Kandinsky aussi était à la recherche de l'essence de la couleur justifiant sa présence physique sur la toile, dégagée du poids du motif et libre d'exprimer son mouvement propre.

Steiner peignait à l'aquarelle sur papier, Kandinsky peignait ses grandes toiles à l'huile. Il utilisait des pigments, bien rangés par couleurs sur des étagères au « *Bauhaus* » ou dans une armoire lorsqu'il vivait à Neuilly, qu'il mélangeait lui-même avec un liant. Il cherchait aussi comme Steiner des couleurs authentiques, révélant leur être, leur forme et leur mouvement véritable. C'était la condition nécessaire à la création d'une peinture sans objet qui avait pour but et pour mission de créer un nouvel art spirituel, apte à toucher l'esprit dans l'homme par le moyen des sens. C'était la recherche d'une nouvelle moralité de l'artiste en quelque sorte

8. *Ibidem*, p. 130.

que Kandinsky appela « le Principe de la Nécessité Intérieure », qu'il décline lui-même sous trois aspects :

> Chaque artiste, comme créateur, doit exprimer ce qui est propre à sa personne. [...] Chaque artiste, comme enfant de son époque, doit exprimer ce qui est propre à cette époque. [...] Chaque artiste, comme serviteur de l'art, doit exprimer ce qui, en général, est propre à l'art[9].

Car plus une œuvre d'art est actuelle, plus elle touche l'âme de ses contemporains. Mais l'artiste, grâce à son art, accède aussi à l'intemporel. C'est ainsi que nous sommes sensibles, admiratifs, interpellés, si ce n'est nourris, par les arts du passé.

Pour Kandinsky, la mission de l'artiste est quasi mystique. Elle recouvre à la fois l'engagement de l'homme dans la poursuite de son travail de professeur avec les étudiants au *Bauhaus* et celui d'artiste peintre dans la recherche de l'essence de son art, qui « doit être convaincu que chacun de ses actes, de ses sentiments, de ses pensées est la matière impondérable dont seront faites ses œuvres »[10].

Le lien avec les origines

En examinant les parcours respectifs de Kandinsky et de Steiner, il apparaît clairement que leurs travaux d'artiste et d'enseignant sont intimement liés. Et ce n'est sans doute pas un hasard si la première École Waldorf et le *Bauhaus* ont été fondés la même année, après la guerre, en 1919.

Kandinsky enseigna très tôt à Munich, dès le tout début du siècle. Il emmenait souvent ses élèves du groupe Phalanx dans la campagne munichoise pour observer la nature et rassembler leurs impressions.

Ces « Impressions » directes d'après la nature extérieure, lui-même en avait rassemblé un trésor depuis son enfance. Il en fait le récit dans *Regards sur le passé,* ce sont elles qui constituent la première trame de la réalisation d'un tableau.

Dans *Du spirituel dans l'art*, il décrit encore deux autres sources de création pour le peintre : les expressions souvent inconscientes provoquées par des événements de caractère intérieur, qu'il appelle « Improvisa-

9. *Ibidem*, p. 109.
10. *Ibidem*, p. 109-114.

tions » ; les impressions extérieures et intérieures examinées et longuement travaillées, d'où émergent les « Compositions »[11].

L'examen des trois tableaux ci-dessous réalisés par Kandinsky entre 1911 et 1914 montre plus concrètement sa démarche.

Dans ces trois tableaux, la couleur explose littéralement de la toile même si elle est structurée par des formes, des lignes et des couleurs en apesanteur pour ainsi dire. Le blanc prend par exemple beaucoup de place et de force dans « Impression IV » (107,5cm/95cm) ; est-ce lié à cette nouvelle perception du blanc l'été 1911 ?

« Improvisation, gorge » montre une composition en diagonale avec une chute vers le bas gauche de la toile carrée. Ce carré (110cm/110cm) semble tenir une orgie de formes colorées où on peut identifier une échelle au centre, un ponton, une ou deux barques avec deux rameuses, des formes rayonnantes et des eaux bouillonnantes.

« Composition VI » est construite dans un rectangle. C'est le thème du déluge qui semble à l'origine de ce tableau de grande dimension (194cm/294cm) et ce sont des formes noires courbes, rondes, triangulaires, ovales, droites qui structurent l'ensemble du tableau. Pas ou peu de profondeur, les couleurs plus claires (dans les tons roses) au centre font furieusement corps avec les couleurs plus sombres. Un souffle tourbillonnant emporte l'ensemble de la composition.

Ces trois tableaux montrent des événements intemporels dans un espace sans perspective où évoluent librement formes et couleurs ; c'est comme l'avènement d'un monde différent à chaque fois :

> Chaque œuvre naît, du point de vue technique, exactement comme naquit le cosmos... Par des catastrophes qui, à partir des grondements chaotiques des instruments, finissent par faire une symphonie qu'on nomme musique des sphères. La création d'une œuvre, c'est la création du monde[12].

Ainsi décrivait-il la naissance d'une œuvre d'art, la naissance de l'art abstrait et l'affirmation de la force primordiale de la couleur.

11. « Impression IV » (dimanche) 1911, « Improvisation, gorge » 1914, in *Der blaue Reiter* (Le cavalier bleu), Paris, Booking International, 1988, p. 48 et 50 et « Composition VI » 1913, *in* Catalogue de l'exposition *Traces du sacré*, Paris, Centre Georges Pompidou, 2008, p. 255.
12. Sers, Philippe, *Kandinsky — Philosophie de l'art abstrait : peinture, poésie, scénographie*, Paris, Skira, 2003, p. 195.

Les motifs peints entre 1914 et 1918 sur les deux coupoles du premier Goethéanum baignent dans un flot de couleurs. Ils représentent des visions cosmiques et figurent les grandes étapes de la création de l'homme à partir de la genèse jusqu'à la représentation des grands guides de l'humanité avant et après le Déluge. Steiner s'en est expliqué à plusieurs reprises : il voulait, guidé par les couleurs, créer des motifs imagés, parlant aux sens pour ouvrir une porte vers le monde spirituel. C'était la recréation d'un monde.

Les trois tableaux de Kandinsky précités concernent aussi ce thème du déluge. Ils ont été peints entre 1911 et 1914. Préfigurent-ils la catastrophe de la guerre et le déluge d'eau et de feu ? Et ne sont-ils pas en même temps une apocalypse ou la révélation de la création d'un monde nouveau ?

Après un séjour de cinq années en Russie, c'est au *Bauhaus* à Weimar, Dessau et Berlin que Kandinsky va trouver l'opportunité de préciser son approche personnelle de l'art en formalisant les concepts de forme, de couleur et de composition. Il développe même ce qu'il appelle une science de l'art en trois chapitres : le point, la ligne et le plan, leurs implications visuelles et plastiques, leurs variations dans leur représentation graphique, leurs sonorités, leurs couleurs et leurs interactions sur la toile.

Un point peut être ponctuel, isolé, gros ou petit, aggloméré, cosmique, peint, gravé, calligraphié, contenu dans un cercle…

Une ligne peut être droite ou courbe, ondulée ou ondulante, épaisse ou fine, mélodieuse, mélodique ou musicale, rayonnante ou anguleuse, brève ou continue, souple ou tendue…

Le plan originel est le carré ; il a un haut et un bas ; il peut s'apparenter à la surface et contenir lui-même un autre plan…

Cette étude théorique, formalisée à l'usage des étudiants et pour son enseignement de la théorie des formes, est illustrée par des dessins que Kandinsky préparait pour ses élèves et qui constituent une approche méthodique et pédagogique efficace. On peut regarder par exemple « Composition IV » 1911 (159,5/ 250,5cm) et le mettre en rapport avec deux dessins montrant la structure de ce tableau dans *Point et ligne sur plan* :

organisation graphique d'un détail de « Composition IV », et organisation linéaire de la « Composition IV »[13].

En 1913, Kandinsky explique dans un article[14] comment des éléments utilisés dans la « Composition IV » sont réutilisés dans la « Composition VI » dont nous avons parlé :

> L'ensemble des formes plus petites exigeait quelque chose qui agirait de façon très simple et très large. J'ai employé pour cela de longs traits solennels. [...] Ces traits sont reliés aux traits épais du haut qui vont vers ceux en biais, précis, et contre lesquels ils butent directement. Pour adoucir l'action des lignes à la résonance trop dramatique, je laissais se jouer sur la toile (Composition VI) toute une fugue de taches roses aux nuances variées.

L'enseignement de Steiner faisait lui aussi appel à une large vue d'ensemble qu'il avait développée dans ses nombreuses conférences pour la construction du premier Goethéanum ; il faisait des esquisses très simples qui étaient censées guider ses collaborateurs artistes peintres, tout en les laissant libres de travailler selon leurs compétences. Marie Steiner raconte Steiner parlant des couleurs et peignant l'obscurité :

> Les couleurs sont un mélange d'ombre et de lumière. Selon que la lumière ou que l'ombre l'emporte, les couleurs sont actives ou passives. Il ne faut pas leur imposer arbitrairement des sujets qui ne seraient pas dans leur nature ; c'est à elles de faire surgir le motif. Là encore, évitez de construire par abstraction, car c'est la négation même de l'art, mais ressentez ce que veut dire le langage direct des couleurs[15].

Les témoignages des peintres montrent combien la tâche fut difficile de représenter une vision cosmique avec pour consigne « c'est la couleur qui donne la forme ». La couleur devait être ici comprise à la fois comme rayonnante de lumière et chargée d'obscurité.

Le geste du peintre était au service de la couleur, pour la révéler, la montrer. De ce fait, il allait à contre-courant d'une vision naturaliste ou symbolique de la nature encore très présente au début du XXe siècle.

Or, le lien avec la nature était très présent chez Steiner et Kandinsky. Pour Steiner, les lois de la métamorphose des plantes découvertes par Goethe manifestaient l'influence et la marque des lois cosmiques dans la

13. Kandinsky, Wassily, *Point et ligne sur plan*, Paris, Gallimard, Folio-Essais, 1991, p. 204-206.
14. Publication postérieure de la structure formelle de l'œuvre par l'artiste in : *Regards sur la peinture* n°58, éditions Fabbri, Milan, 1998.
15. In *Lettres et témoignages de Marie Steiner*, Bibliothèque de la Société anthroposophique, Paris.

nature. Kandinsky l'affirma aussi très clairement lors d'un entretien avec le directeur de galerie Karl Nierendorf en 1937 :

> L'art ne peut être grand que s'il se place et s'ordonne en lien direct avec les lois cosmiques. On sent ces lois inconsciemment si on ne s'approche pas de la Nature de façon extérieure mais de façon intérieure[16].

Pour Kandinsky, qui était avant tout un peintre, la couleur et la forme sont comme des ponts qui conduisent vers l'esprit. Il développa une peinture abstraite, dégagée de tout motif concret, mais quelle fut sa source d'inspiration ?

> — Il est de coutume de penser que l'art abstrait n'a rien à voir avec la nature. Êtes-vous d'accord ?
> — Non et encore une fois non ! La peinture abstraite laisse « la peau » de la Nature mais pas ses lois. Permettez-moi d'employer un grand mot, les lois cosmiques. L'art ne peut être grand que s'il se place et s'ordonne en lien direct avec les lois cosmiques. On sent ces lois inconsciemment si on ne s'approche pas de la Nature de façon extérieure mais de façon intérieure ; on ne doit pas seulement regarder la Nature mais aussi la vivre de l'intérieur[17].

Le lien avec la musique était aussi très important. Les élèves qui suivaient ses cours au *Bauhaus* témoignent de cet aspect et de sa manière dynamique de les mettre en mouvement pour les rendre actifs.

> Kandinsky essayait très souvent d'établir des corrélations avec la musique. Ses tableaux sont imprégnés de sens musical, il n'y a pas à s'y tromper[18]. Quand il nous demandait : la musique de Beethoven est-elle rouge ou bleue ? alors, en tant que musicienne, je devenais un peu récalcitrante [...] On y faisait table rase de tout ce qu'on croyait avoir appris jusque-là ! Chacun recommençait à zéro. Le but de l'enseignement de Kandinsky, c'était d'apprendre à voir, et non à peindre sur le plan pratique[19].

16. Interview Nierendorf-Kandinsky in : *Essays über Kunst und Künstler* (herausgegeben und kommentiert von Max Bill), Teufen, 1955, p. 202-205.
17. *Ibid.*
18. Kandinsky jouait du violoncelle. Il fut ami avec le musicien Arnold Schönberg qui fit une contribution écrite à *l'Almanach* en tant que musicien mais aussi en tant que peintre avec « Vision » et « Autoportrait » in *Almanach du Blaue Reiter*, Paris, Klincksieck, 1987, p. 204 et 218.
19. Kandinsky, Nina, *Kandinsky et moi*, Paris, Flammarion, 1978, témoignages de Suzanne et Jean Leppien, élèves au *Bauhaus* et futurs traducteurs des cours au *Bauhaus* de Kandinsky, p. 148-153, notre citation, p. 150-151.

Le Bauhaus : Kandinsky et Klee

La lecture du journal de Klee permet de se faire une certaine idée de son cheminement depuis sa plus tendre enfance, puisque ses plus anciens souvenirs remontent à l'âge de deux-trois ans, ce qui constitue déjà une indication sur sa personnalité et sur sa manière créative. Ce sont des souvenirs très précis de lieux, de personnes, d'atmosphères.

Klee semble être un peintre de la mémoire ; la plupart de ses dessins et peintures soulignent de remarquables facultés d'observation. Il puisait aussi abondamment dans une réserve de souvenirs phénoménale qui semble être la source de son art. D'autre part, Klee conserva tous ses dessins d'enfant. Ils étaient numérotés, ce qui démontre une conscience déterminée de conservation liée à un souci de progression, d'évolution ou de cheminement.

Il avait aussi beaucoup d'humour, les titres de ses œuvres en témoignent. Il cultivait la distance face au monde qui l'entourait : « Je sers la beauté en dessinant mes ennemis », disait-il, et il exerçait l'art de la caricature. La pratique de la musique était également très importante pour Klee. Ses parents étaient musiciens et lui-même avait suivi des études de violon. Très doué pour la musique, il devint très jeune musicien d'orchestre à Berne en Suisse où il habitait et où il aurait pu faire carrière.

Mais le dessin tout particulièrement et la caricature restent pour lui une activité privilégiée pendant toute son enfance et sa jeunesse. Il hésita longtemps entre la musique et les arts graphiques pour finalement pratiquer les deux pendant une dizaine d'années. Pourtant, il écrit dans son *Journal* :

> Au printemps 1901, j'établis le programme suivant : au premier chef, l'art de la vie, puis, en tant que profession idéale : l'art poétique et la philosophie ; en tant que profession réaliste : l'art plastique et, à défaut d'une rente : l'art du dessin (illustration)[20].

Dans ce but, il se rendit à Munich et fréquenta un atelier d'artistes qui devait le préparer à l'école des Beaux-Arts où il entra finalement dans la classe de Franz von Stuck[21], au même moment que Kandinsky. Ils ne se fréquentèrent pas à ce moment-là car Klee ne se montrait pas très assidu aux cours. Il fit des voyages d'étude en Italie à Rome, Milan, Florence.

20. Klee, Paul, *Journal,* Paris, Grasset & Fasquelle, Les cahiers rouges, 1959, p. 50.
21. Franz von Stuck (1863-1928), peintre et enseignant à l'école des Beaux-Arts de Munich.

Ce qui lui permit d'affirmer ses réticences devant les travaux de Michel Ange. Il se rendit ensuite à Paris à la rencontre du monde impressionniste avant de revenir à Berne où il épousa une musicienne pianiste, Lily Stumpf.

Parfois le doute s'installe comme en témoigne son *Journal* :

> Tantôt je m'imaginais capable de dessiner, tantôt capable de rien. Au cours du troisième hiver, je reconnus même que je ne saurais jamais peindre. Je songeai à la sculpture et commençai à graver. Il n'y a guère qu'en musique que je n'aie jamais connu d'hésitation[22].

L'intérêt pour les arts plastiques se précise. Mais il est très intéressant de remarquer, à la lecture de son *Journal*, que ses activités alternent entre la musique et son travail plastique. Son travail de concertiste, les rencontres avec des musiciens (Pablo Casals en janvier 1905), figurent dans son *Journal* à côté de pages où l'on peut lire la marche à suivre précise de la gravure sur verre.

« Que crée l'artiste ? Des formes, des espaces ? » s'interroge-t-il dans son *Journal* à la suite du concert de Pablo Casals.

Musicien, peintre ? De qui parle-t-il ? Il réfléchit constamment sur les rapports entre musique et travail plastique :

> De plus en plus s'imposent à moi des parallèles entre la musique et l'art plastique. Et cependant je n'arrive point à les analyser. Les deux arts sont certainement d'une nature temporelle, on pourrait le démontrer facilement. Chez Knirr[23] on parlait du « récital » (*Vortrag*) d'un tableau, par quoi l'on entendait quelque chose de spécifiquement temporel : les mouvements du pinceau, la genèse de l'effet[24].

La dialectique entre l'art musical et l'art plastique devint un dialogue fructueux qui l'engagea sur un chemin de plus en plus ardu entre l'étude d'un art temporel et celle d'un art spatial, le temps et l'espace ne pouvant pas être mesurés à la même échelle ni avec les mêmes dimensions.

L'Almanach du Cavalier Bleu de Marc et de Kandinsky témoigne par son contenu d'une recherche de lien entre les arts de l'espace (peinture, sculpture, artisanat) et les arts du temps (musique, chant, théâtre). Les illustrations y sont très variées et même hétéroclites. Elles montrent à la fois des dessins d'enfants, des objets (masques brésiliens et chinois, marionnettes et figurines asiatiques de théâtre d'ombre), des peintures populaires

22. Klee, Paul, *op. cit.*, p. 54.
23. Knirr était le nom du professeur de l'atelier dans lequel il travailla à Munich.
24. *Ibidem*, p. 180.

bavaroises sur et sous verre, des gravures, des sculptures traditionnelles du Moyen Âge aux côtés de tableaux de Cézanne, Delaunay, Matisse, Le Douanier Rousseau, Gauguin, ainsi que les œuvres d'autres artistes contemporains. Les articles signés des musiciens, Arnold Schönberg, Thomas von Hartmann et des plasticiens, Macke, Marc et Kandinsky pour les plus connus, font le point sur l'art, ses buts et sa mission en mettant en rapport des formes artistiques différentes (primitifs italiens, impressionnistes, masques) tout en les croisant avec l'expression musicale et théâtrale.

Les recherches de tous ces artistes convergeaient vers un même but comme l'exprime Klee :

> Si réellement les courants de la tradition d'hier, comme je le pense, sont sur le point de s'ensabler, tandis que ceux qui vont en cheminant, prétendument imperturbables, dans les sentiers à l'écart, avec une apparence de fraîcheur et de santé, se révèlent à la lumière de l'histoire n'être que des exemples de pure lassitude, alors il faut croire que nous en sommes à un instant décisif, et je salue ceux qui, dès lors, vont coopérer à la réformation imminente. Le plus audacieux d'entre eux est Kandinsky, dont l'action se manifeste aussi par l'écrit (*Du spirituel dans l'art,* paru chez Piper)[25].

Son horizon s'élargit de plus en plus ; il fait la connaissance à Paris de Delaunay dont il traduira en allemand un texte intitulé « La Lumière » quelques mois plus tard. Par ailleurs son ami, le sculpteur Arp, se démène pour faire éditer le *Candide* de Voltaire avec ses illustrations : « Une véritable déclaration d'amour à l'art, tel est le sens de ce que j'ai fait en 1913 ».

Malgré les menaces de guerre, en avril 1914, Klee entreprend, avec ses amis Moilliet et Macke, un voyage en Tunisie qui décidera définitivement de sa carrière de peintre. Une belle entente et une émulation communicative entraîne les trois hommes.

Ses nombreuses aquarelles en couleur dont certaines faites sur le motif montrent comme une détente, un épanouissement et peut-être un aboutissement. Le jeudi 16 avril, à Kairouan, Klee fait l'expérience fondamentale de la couleur :

> L'ambiance me pénètre avec tant de douceur que sans plus y mettre de zèle, il se fait en moi de plus en plus d'assurance. La couleur me possède. Point

25. *Ibidem*, p. 253.

> n'est besoin de chercher à la saisir. Elle me possède, je le sais. Voilà le sens du moment heureux : la couleur et moi sommes un. Je suis peintre[26].

En 1920, Klee est nommé professeur au *Bauhaus* à Weimar (deux années avant Kandinsky qui est encore en Russie). Il accepte volontiers cette tâche qui va lui permettre d'approfondir ses théories et surtout de les mettre en pratique.

Il était chargé du cours préliminaire, qui avait été confié au peintre Johannes Itten avant lui. C'était un cours sur la théorie des couleurs et de la forme.

Il avait un atelier pour son travail personnel dans lequel les étudiants pouvaient venir s'entretenir avec lui. L'ambiance de travail dans cette école lui convenait bien et il retrouva avec un très grand plaisir son ami Kandinsky quelques mois plus tard.

Leurs relations amicales d'artistes se renforcèrent à Weimar et surtout à Dessau où leurs logements étaient mitoyens. Félix Klee, le fils de Paul Klee, raconte combien « ils se stimulaient réciproquement. Il y a des aquarelles de Kandinsky qui "sentent leur Klee"[27] et il y a aussi quelques tableaux de Klee qui rendent perceptibles la proximité de Kandinsky ». Ces influences réciproques, « même si elles n'étaient pas voulues », comme le dit Felix Klee, montraient leur parenté spirituelle.

Leur manière de travailler était très différente. Nina Kandinsky raconte :

> À la différence de Klee, Kandinsky avait l'habitude de se concentrer sur un travail à la fois ; il ne commençait jamais un nouveau tableau avant que le précédent ne soit achevé. Klee en revanche aimait à travailler à plusieurs tableaux à la fois. Ré Soupault raconte une visite qu'elle fit dans son atelier : pendant un certain temps, le dimanche, les ateliers des maîtres étaient ouverts aux élèves, de sorte que les élèves pouvaient aller voir ce que peignaient les maîtres. Un jour, une de mes collègues vint me trouver et me dit : Viens donc avec moi chez Klee aujourd'hui. Son atelier est une sorte de fabrique de tableaux. Il en peint dix ou vingt à la fois. Cela me choqua. Pour moi un tableau est un monde. Et je pensais qu'on ne pouvait pas se trouver en même temps dans plusieurs mondes différents. Plus tard, j'ai mieux compris Klee. Pour prendre du recul par rapport à un monde, il avait toujours besoin d'en avoir un autre à sa disposition. Il utilisait de nombreuses toiles, sur lesquelles il peignait tous ses mondes en même temps[28].

26. *Ibidem*, p. 282.
27. Kandinsky, Nina, *Kandinsky et moi*, *op. cit.*, p. 225.
28. Kandinsky, Nina, *op. cit.*, p. 226.

Le recul noté par cette étudiante montre combien Klee vivait dans plusieurs mondes à la fois. Il les explorait un à un dans ses tableaux.

Le tableau intitulé « Tapis du souvenir » présente une surface grisâtre et brune parsemée de signes, cercles, triangles, losanges rectangles, croix, signes qui à la fois se côtoient et se superposent : une image confondue, riche et confuse à la fois et qui n'arrive pas à la clarté de la conscience ?

Cette œuvre datée de 1914, année du voyage en Tunisie, peut être mise en rapport avec une autre datée de 1918. On peut y voir deux rectangles constitués de petits carrés de couleur aquarellés qui sont séparés par une bande grise. Chaque lettre des mots du poème est inscrite dans un petit carré. Ces deux rectangles se présentent comme deux mondes différents : sur le rectangle du haut les couleurs sont plus chaudes tandis que dans le rectangle du bas elles sont d'un bleu intense. La bande grise au milieu crée une séparation entre deux mondes différents et semblables à la fois. Voici une traduction possible du texte avec comme titre, écrit par Klee au crayon, en haut, à gauche du tableau : « *Bahn* » (Voie) :

> Du gris de la nuit jadis, j'ai émergé / ensuite me voici lourd et d'un grand prix / le soir je me prosterne et Dieu m'emplit / maintenant le bleu des éthers m'enveloppe et je tressaille / je m'élève et je plane au-dessus des neiges éternelles / vers la sagesse stellaire[29].

La couleur grise qui résulte du mélange entre une couleur primaire et sa couleur complémentaire, par exemple le rouge et le vert, peut prendre des tonalités très différentes : il peut être gris-bleu, gris-vert, gris-mauve... ou gris-brun comme sur le « Tapis du souvenir ». Mais il peut aussi être gris-neutre, en équilibre comme sur le dernier tableau observé où une bande rectangulaire gris-neutre est placée au milieu, rendant possible une circulation entre le haut et le bas ou bien entre les deux mondes. Le gris-brun du tapis est plus profond et plus mystérieux ; il en réfère à la mémoire et au souvenir. Tandis que le gris de l'autre tableau par une sorte d'ouverture et de neutralité permet le passage entre deux mondes, le visible et l'invisible, l'obscur et le clair, le lointain et le proche...

Comme pour Kandinsky, le mystère de la création l'aura occupé tout au long de sa vie : « La force créatrice échappe à toute dénomination, elle

29. Traduction privée : Bruno Gaillard.

reste en dernière analyse un mystère indicible », écrit-il au début de son texte intitulé « Philosophie de la création »[30].

On le voit, Kandinsky et Klee se rejoignent là où le processus créatif trouve sa place, dans le spirituel, ou dans l'esprit.

Dans son « Credo du créateur », Klee esquisse sa vision de l'art :

> Je cherche un point placé à l'origine de la création où je pourrai pressentir une sorte de formule à la fois pour l'homme, l'animal, la plante, la terre, le feu, l'eau, l'air et toutes les forces cycliques [...].
> L'art est à l'image de la création. C'est un symbole, tout comme le monde terrestre est un symbole du cosmos. [...] Car à la longue, la réalité établie, même intensifiée, ne fait pas l'affaire. Aucune réalité donnée, même supérieure, ne peut nous satisfaire. Laissons là le monde quotidien et aussi les sciences occultes, elles n'ont rien à voir ici. L'art traverse les choses, il porte au-delà du réel aussi bien que de l'imaginaire. [...] De même qu'un enfant dans son jeu nous imite, de même nous imitons dans le jeu de l'art les forces qui ont créé et créent le monde[31].

À la fin de son texte, Klee tient à distance « le monde quotidien et les sciences occultes », c'est-à-dire la matière et l'esprit ou le réel et le spirituel, tout en les prenant en compte dans sa démarche artistique, cherchant à saisir les forces primordiales de création (du monde). En fait il affirme que la faculté créative se développe entre le contact avec le réel du quotidien — la pratique artistique et l'observation du monde — et la culture d'un monde imaginaire, intuitif et inspiré. En fait ni les sciences occultes ni le réel du quotidien n'intéressaient Klee. Par contre, l'expérimentation et l'observation qui mènent au cœur des choses, étaient au centre de son activité d'artiste. Ce qui semblait l'intéresser au plus haut point, c'est ce qui était caché et la découverte du chemin vers le mystère de la création.

La faculté créative de l'artiste se trouve déjà en l'origine, à la création du monde, c'est là qu'elle prend sa source et qu'elle doit être sans cesse recherchée. Les enfants savent puiser naturellement à cette source (les malades mentaux aussi), mais l'adulte doit « réapprendre » à la chercher et à la trouver. C'est autour de ce concept pédagogique que Steiner et Klee se retrouvent et suscitent toujours des impulsions d'enseigner avec l'art et grâce à l'art.

Parmi les riches expériences faites au *Bauhaus*, il ne faut pas oublier le théâtre qui alliait à la fois le mouvement, la parole, la musique, les arts

30. Klee, Paul, *Théorie de l'art moderne*, Paris, Denoël, Folio-Essais, 1985, p. 57.
31. Klee, Paul, *Théorie de l'art moderne*, *op. cit.*, p. 40-42.

plastiques avec les décors, les éclairages et les lumières, les costumes, pour un art total. C'est bien ainsi que le définissait l'architecte Walter Gropius, le fondateur du *Bauhaus.* Il considérait l'art de la scène comme un art de l'espace qui pouvait remplacer les cours d'architecture, lesquels ne trouvèrent leur place dans cette école qu'à partir de 1927.

Kandinsky avait écrit en 1910 à la fin de son livre *Du spirituel dans l'art* que la « Composition scénique » était la première réalisation de l'Art Monumental ; les mouvements musical, pictural et dansé devenus art, étant les trois éléments de cette composition scénique.

Quelques années plus tard, en mai 1912, dans *L'Almanach du Cavalier Bleu,* Kandinsky publie un article intitulé « De la composition scénique » où il analyse les opéras de Wagner pour montrer que le rapprochement entre les arts ne peut qu'enrichir la résonance intérieure de leurs moyens et mettre en valeur leurs différences, tout en faisant jouer toute la gamme des vibrations propres à chacun. Les opéras de Wagner ne lui semblent pas répondre à ces critères car les différents arts se juxtaposent et restent « extérieurs ». Il appelle donc de ses vœux un mouvement permettant une résonance intérieure pour l'art du théâtre qui n'est « ni le jeu des acteurs, ni la mise en scène, ni la danse ; il est formé des éléments qui les composent : du geste qui est l'âme du jeu, des mots qui sont le corps de la pièce, des lignes et des couleurs qui sont l'existence même du décor, du rythme qui est l'essence de la danse »[32].

Cet article est immédiatement suivi de « Sonorité jaune » écrit en 1909, une composition scénique dont la partie musicale est de Thomas von Hartmann[33]. Les indications de Kandinsky sont très précises et détaillées : une scène la plus profonde possible où se succèdent six tableaux aux atmosphères différentes alternant entre obscurité totale et de fortes lumières colorées. Voix, chœurs, êtres vagues, sons et musique se font entendre et s'évanouissent ponctuellement. Cinq géants au milieu des rochers semblent les personnages principaux ; un géant jaune clair, semblable à une croix, est la dernière image du sixième tableau.

32. *L'Almanach* du *Blaue Reiter*, *op. cit.*, p. 247-266.

33. Thomas von Hartmann (1885-1956), compositeur, pianiste et peintre russe et ami de Kandinsky. Il contribua à *L'Almanach* par un article intitulé « Sur l'anarchie en musique » dans lequel il ouvre la possibilité aux sens, en particulier celui de l'ouïe, d'entendre ou de souhaiter de nouveaux sons ou accords en musique. Une approche consciente de la musique qui peut conduire à l'anarchie mais aussi à la découverte de nouveaux sentiers.

Cette composition scénique ne fut pas représentée. Kandinsky put, en 1928 à Dessau, mettre en scène « Les Tableaux d'une exposition » de Moussorgsky et mettre ainsi en pratique ses conceptions de l'art total.

Les conceptions du théâtre de Wagner, de Steiner et de Kandinsky partent d'une même origine : le théâtre antique. Leurs réalisations sont très différentes même s'ils visaient tous les trois à toucher le spectateur dans toute sa personne. Décors et costumes, musique, chant, récitatif, parole, chœurs parlés et chantés, architecture et aménagement de la salle de spectacle, mouvement, danse et eurythmie, tout concourait à saisir le spectateur, à l'emmener et à le conduire vers des sphères spirituelles qu'il ne pouvait atteindre seul. Est-ce la catharsis au sens de la purification des passions qui était voulue ? Il semble que non. C'était plutôt un vécu intense de la beauté qui était visé. Ces artistes voulaient « rouvrir le ciel » devant les yeux et le cœur de leurs contemporains afin de toucher l'esprit.

Le festival de Bayreuth continue toujours à réunir les mélomanes, les « Drames-Mystères » de Steiner sont encore joués chaque année au Goethéanum, mais les « Compositions scéniques » de Kandinsky n'ont pas encore trouvé un lieu ni une audience pour être représentées.

Steiner et l'anthroposophie

Les conférences

Steiner donna plus de cinq mille conférences. Il tint sa dernière conférence devant les membres de la Société anthroposophique dans la menuiserie[1] du Goethéanum, à Dornach, le 28 septembre 1924. Elle ne dura que vingt minutes, la voix s'était presque évanouie ; elle venait de loin, raconte sa compagne et collaboratrice Marie Steiner von Sivers. Pendant les quelques mois qui suivirent, il dut s'aliter, rédigea son autobiographie et mourut dans cette même menuiserie le 30 mars 1925.

Les thèmes abordés dans ces conférences sont très variés :

— la connaissance et la compréhension de l'unité de l'homme et du cosmos ;

— la compréhension et l'approche des concepts de transcendance et d'immanence ;

— l'unité de l'art, de la science et de la religion.

Ils tissaient la toile de fond de sujets et domaines plus précis comme l'agriculture, la médecine, la pédagogie, les sciences de la nature, les différentes religions.

Ces conférences avaient lieu un peu partout en Europe, à la demande des membres de la Société théosophique, et anthroposophique à partir de 1913. Elles étaient prises en notes par des auditeurs et sténographiées ; elles pouvaient ainsi circuler et être lues. Steiner lui-même n'eut jamais le temps de relire ces épreuves. Elles sont donc sujettes à erreur et malgré cela il en autorisa la publication. Seules les conférences faites à Dornach étaient prises en note par des sténographes officielles. De nombreux auditeurs ont témoigné qu'il était très stimulant de l'entendre, tels Stefan Zweig[2],

1. Cette menuiserie est un bâtiment en bois dans lequel Steiner sculpta la statue du Représentant de l'humanité en collaboration avec une autre artiste, Édith Maryon, sculptrice professionnelle.
2. Stefan Zweig, écrivain autrichien (1881-1942).

Käthe Kollwitz[3] ou Max Brod[4] qui racontent que le geste de la parole de Steiner était à la fois fluide et très concentré, suivant un seul but. Pendant les conférences, il parlait librement tout en dessinant au tableau noir sans interrompre son exposé.

Entre octobre 1916 et octobre 1917, sollicité par ses collaborateurs (artistes et artisans) lors de la construction du premier Goethéanum, il donna à Dornach un cycle de treize conférences intitulé *L'Histoire de l'art, reflet d'impulsions spirituelles*[5].

Ces conférences avaient lieu dans la menuiserie et étaient illustrées par des projections de nombreuses diapositives préparées par un historien de l'art, Tryphon Trapesnikoff[6], collaborateur occasionnel à Dornach. Steiner ne commentait pas toujours les images qui étaient présentées pour laisser chacun apprécier librement les œuvres choisies.

Elles s'adressaient à des hommes et des femmes travaillant sur le chantier, auditeurs de plusieurs nationalités, à un moment où l'Europe était en guerre. Steiner, à travers les représentations artistiques, caractérise les particularités des œuvres d'art de l'Europe de l'Ouest, du sud et du centre. Cela contribua certainement à créer un climat favorable au dialogue et au travail sur la colline de Dornach à un moment où toute l'Europe se déchirait.

Assia Turguenieff[7], collaboratrice de Steiner et auditrice, témoigne de ces séances qui réunissaient tous ceux qui étaient présents sur la colline de Dornach :

> Steiner disait des paroles très simples ; elles ne concernaient en général pas l'œuvre d'art elle-même mais guidaient les sentiments des auditeurs vers les impulsions créatrices à partir desquelles l'œuvre d'art était née. Et, en

3. Käthe Kollwitz, peintre, dessinatrice et sculptrice allemande. Elle naquit en 1867, vécut à Berlin, et mourut en 1945 à Moritzburg près de Dresde. Elle fut très engagée dans le mouvement social entre les deux guerres auprès de Karl Liebknecht.
4. Max Brod, écrivain tchèque né à Prague en 1884 et mort à Tel Aviv en Israël en 1968 ; il fut un grand ami de Franz Kafka dont il publia les écrits. Ils fréquentaient tous deux les conférences de Steiner lorsqu'il venait à Prague.
5. Steiner, Rudolf, *L'Histoire de l'art, reflet d'impulsions spirituelles*, Paris, Triades, 1989.
6. Tryphon Trapesnikoff (1878-1922) fut, après la révolution russe, l'un des co-fondateurs de l'Institut d'histoire de l'art à Pétersbourg et de l'administration chargée de la protection des monuments.
7. Assia Turguenieff, graphiste de profession, collaboratrice des premiers jours pour la construction du Goethéanum. Elle fut chargée par Steiner de graver les vitraux pour le deuxième Goethéanum.

> particulier, beaucoup de chaleur pendant la conférence sur Rembrandt ; lui-même était éclairé comme dans un tableau de Rembrandt. Cimabue, Giotto, Vinci, Grünewald, Dürer, Raphaël, Michel-Ange [...] nous pouvions percevoir combien leur action était comme une pulsation vivante dans le cours de l'évolution de l'humanité. Ces conférences étaient comme des repères, des panneaux indicateurs, de nouvelles pistes pour une nouvelle histoire de l'art[8].

Un contenu résumé de ces treize conférences permet de se représenter le chemin suivi par Steiner tout au long de ces apports.

Steiner regarde les œuvres d'art et les interprète avec, en arrière-plan, une lecture du développement de l'être humain à travers les différentes civilisations que l'on retrouve dans son livre *La Science de l'occulte*, daté de 1910. Les œuvres d'art des civilisations égyptienne et grecque, par exemple, montrent une approche différente de la représentation de l'homme et des dieux.

Le dieu égyptien est souvent représenté avec une tête d'animal tandis que le dieu grec montre une représentation idéalisée de l'être humain. Par ses réalisations artisanales et artistiques, chaque civilisation manifeste le lien que l'homme établit avec son entourage terrestre et cosmique.

Steiner parle de cinq périodes de civilisation[9] et situe le passage de la quatrième à la cinquième période au moment de la Renaissance, ce qui est lisible dans les œuvres d'art : apparition de la perspective, du paysage, du portrait, de l'autoportrait..., c'est comme une naissance, celle de l'âme de conscience à la suite de celle de l'âme de raison ou de cœur (quatrième époque, civilisation gréco-romaine et Moyen Âge) et de celle de l'âme de sensibilité (troisième époque, civilisation égypto-chaldéenne)[10].

Le cheminement des hommes dans l'histoire et la recherche d'un sens de l'évolution à travers les œuvres d'art intéresse et questionne particulièrement les artistes. Certains moments sont comme des pics de création qui illuminent les autres périodes.

8. Turguenieff, Assia, *Erinnerungen an Rudolf Steiner*, Stuttgart, Verlag Freies Geistesleben, 1972, p. 100.
9. Articulation proposée par Steiner de notre ère « post-atlantéenne » : terminologie de Steiner correspondant à la fin de la dernière époque glaciaire (Atlantide) in *La science de l'occulte*, Paris, Triades, 1976.
10. La première (dite « ancienne Inde ») et la deuxième (dite « ancienne Perse ») — selon la terminologie utilisée par Steiner — étant des périodes plus anciennes qui ont laissé moins de traces visibles.

Dans son article[11] sur le sculpteur Henri Gaudier-Brzeska, Thierry Dufrêne met en relief la vision « vorticiste » de Gaudier sur l'expression de l'art dans les différentes civilisations, depuis l'art pariétal, à travers l'Égypte, l'Afrique, l'Inde, le Moyen-Orient, la Chine et l'Europe. Chacune développe ce qu'il appelle un « vortex », une énergie créatrice qui la caractérise. La civilisation grecque, selon lui, déroge à cette loi en s'immobilisant pour ainsi dire dans une recherche de beauté, de mimésis et d'esthétisme qui la paralyse. Il parle même de « détournement grec » qui semble bloquer les énergies vitales de l'homme, et ceci bien après son apogée au Ve siècle av. J.-C.

Steiner décrit la civilisation grecque comme le moment où l'homme est représenté à l'image du dieu (par la sculpture) et où il va prendre en main son destin (le « connais-toi toi-même » du temple de Delphes). La pyramide égyptienne fortement implantée sur la terre, le temple grec entre ciel et terre et la cathédrale gothique élevée jusqu'aux cieux, symbolisent trois étapes de civilisation, trois archétypes permettant de comprendre la notion d'évolution et l'ensemble des représentations artistiques auxquelles elle s'attache.

Le contenu de ces conférences balaye plusieurs époques et s'organise autour de plusieurs thèmes.

La métamorphose de la conscience humaine dans l'art de la Renaissance italienne prend forme au passage de la quatrième à la cinquième époque[12] : Cimabue, Giotto et autres maîtres italiens — le rapport entre l'homme et l'univers est représenté de manière plus réaliste. Le passage du Moyen Âge à la Renaissance montre une apogée dans l'histoire de l'art qui s'illustre par l'activité créatrice des trois grands maîtres de la Renaissance italienne : Léonard de Vinci, Michel-Ange et Raphaël.

L'examen de la sculpture et de la peinture en Allemagne jusqu'à Dürer et Holbein et en Italie avec Raphaël et Michel-Ange constitue l'élément fondamental pour une compréhension plus profonde des impulsions artistiques du centre et du nord de l'Europe, tout en révélant leurs liens et leurs différences. Il met ainsi en relief la grandeur et l'autonomie de la création artistique dans le nord de l'Europe et dans l'Italie de la Renaissance.

11. Article de Thierry Dufrêne in *Les cahiers du Mnam,* 108, été 2009.
12. Ce regard s'attache surtout aux œuvres d'art européennes.

Steiner explique ensuite comment, au XVIIe siècle, Rembrandt, par le moyen pictural du clair-obscur, montre un regard plus intériorisé sur lui-même, ce qu'il attribue à la naissance de l'âme de conscience. Il considère Rembrandt comme un phénomène unique dans l'histoire de l'art :

> L'artiste de la cinquième époque crée à partir de ce qu'il voit. Et Rembrandt est de la façon la plus marquée artiste par le regard. Or ceci apporte à l'homme la connaissance de soi par l'art [...] et cela a une signification profonde et très importante ; non seulement parce que sa propre personne était pour lui le modèle le plus commode — ce n'était pas le plus beau, car Rembrandt n'était pas beau — mais parce qu'il s'agissait pour lui de ressentir l'harmonie entre ce qui vit en l'être intérieur et ce que l'on peut observer de l'extérieur, de la ressentir de plus en plus où elle peut s'observer, à savoir dans l'autoportrait. Il y avait bien une raison intérieure profonde au fait que le premier grand peintre de la cinquième époque post-atlantéenne ait fait tant d'autoportraits[13].

L'action de l'âme de conscience à partir de la Renaissance et son émergence dans l'art est le centre de son apport à propos de différents thèmes : la peinture hollandaise du XVe siècle, la peinture à l'huile des frères Van Eyck, les motifs de Noël à travers plusieurs siècles, la Nativité, l'Adoration des bergers et des rois, la Fuite en Égypte, les miniatures, les mosaïques, les maîtres italiens, hollandais, allemands.

De même, les particularités et les différences entre les peintres du sud et du nord de l'Europe sont regardées de très près à travers les idées et les images que créent ces artistes comme « La Madone Sixtine » de Raphaël ou « L'Apocalypse » de Dürer et d'autres maîtres allemands.

L'art de la quatrième époque, la sculpture en Grèce et à Rome, revécu dans celui de la cinquième durant la Renaissance par la redécouverte des statues antiques à Rome, permet de montrer comment les représentations de nature plus imaginative (de la quatrième époque) deviennent plus matérialistes au moment de la Renaissance et de la découverte de l'Amérique et de l'imprimerie. Cela engendre une figuration artistique plus individualisée (portraits, autoportraits) au centre de l'Europe, parallèlement à une représentation plus traditionnelle à l'Est avec les icônes.

13. Steiner, Rudolf, *L'Histoire de l'art, reflet d'impulsions spirituelles, op. cit.*, volume 1, p. 136.

Le cycle de ces conférences s'achève par une observation des métamorphoses de la conception du Christ dans la représentation artistique à travers les fresques et mosaïques paléochrétiennes, les maîtres italiens et Dürer.

Steiner examine les œuvres d'art à travers le prisme de l'évolution de l'homme suivant les différentes périodes de civilisation en différenciant les courants du nord, du sud, de l'est et de l'ouest de l'Europe. Comment les échos de trois impulsions essentielles des troisième et quatrième époques se conjuguent et se prolongent dans la cinquième ; c'est-à-dire comment la sensibilité, la perception par les sens, l'intelligence de la beauté idéale et harmonieuse et le sentiment intérieur s'expriment dans la création artistique. Les élans civilisateurs du nord et du sud apportent ou impriment aussi leur marque. Ils aboutissent aux mouvements expressionniste et impressionniste ou aux courants dionysien et apollinien.

D'autres séries de conférences entre 1888 et 1921 complètent ce cycle donné à Dornach. Elles ont pour sujet l'essence des arts, la place de l'art entre le sensible et le suprasensible, les sources de l'imagination artistique, l'origine suprasensible de l'art et la psychologie des arts.

Ces conférences sur l'art, faites à la demande, sont des exemples de l'action pédagogique de Steiner et de son impulsion de transmission. Elles étaient souvent accompagnées et illustrées par un graphisme tout particulier : les dessins à la craie au tableau noir.

Les dessins au tableau noir

Pour ses conférences, Steiner n'utilisait jamais de manuscrit, il parlait librement et utilisait très souvent le tableau noir.

En 1919, une auditrice attentive, Emma Stolle[1], eut l'idée de couvrir les tableaux noirs dont se servait Steiner pendant ses conférences de papiers noirs tendus (1x1,5m) ; il en utilisait deux à trois par conférence.

C'est ainsi qu'ont été conservés environ onze cents dessins à la Succession Steiner à Dornach.

Leur présentation publique a été rendue possible grâce à la « redécouverte » de ces dessins par deux élèves de Beuys, Walter Dahn et Johannes Stüttgen, lorsque, invités par le conservateur des archives de la succession Steiner (Walter Kugler)[2], ils purent contempler les dessins originaux. Après cette visite, Walter Dahn s'exprima ainsi :

> Ma première impression en découvrant ces dessins au tableau, fut empreinte d'une grande surprise par la modernité de ces choses surgies il y a des dizaines d'années. Je me sentais dans l'instant pénétré du souvenir de l'art le plus moderne. Lorsque j'en regardai la date, je reçus un coup. Je pressentais aussitôt : ici sera montré quelque chose d'important pour l'art d'aujourd'hui[3].

Et de fait, de très nombreuses expositions de ces tableaux noirs furent organisées depuis les années 1990.

Mais la première exposition eut lieu bien avant, à Dornach, du 23 juillet au 20 août 1958 lors d'une rencontre d'été publique au Goethéanum. Elle était intitulée : « *Rudolf Steiners farbige Tafelzeichnungen zu seinen*

1. Emma Stolle (1871-1956) participa aussi à l'aventure du premier Goethéanum.
2. Walter Kugler, actuel conservateur des archives Steiner à Dornach et organisateur des nombreuses expositions de ces dessins dans le monde, depuis peu professeur à l'Université Brooks à Oxford
3. Cité par W. Kugler in *Tafelzeichnungen, Entwürfe, Architektur*, Ostfildern, Tertium, 1994, p. 27.

Vorträgen » (les dessins en couleur au tableau de Rudolf Steiner lors de ses conférences) et était à l'initiative d'Assia Turguenieff.

Dans le programme, en guise d'introduction, Assia Turguenieff présente les dessins :

> Un côté jusqu'ici peu considéré de l'activité de Steiner va être rendu accessible, à partir de l'héritage artistique de la succession Steiner, aux visiteurs de la septième exposition d'été : une série d'esquisses en couleurs que Steiner lançait, projetait au tableau pendant ses conférences. On a sélectionné avant tout les dessins dans lesquels l'élément schématique illustratif permet de passer dans un processus imaginatif tissé dans la couleur.
> Ce n'est pas seulement la main sûre du chercheur spirituel qui communiquait de façon imagée des contenus spirituels, mais la main de maître d'un grand artiste qui faisait sortir par magie — se détachant sur du papier sombre — comme des courants de couleur flottant dans l'espace qui apparaissaient et disparaissaient, animés de mouvements de force. [...] Ainsi ces esquisses sans prétention sont aussi les témoins de ce qui caractérise toute la création artistique de Rudolf Steiner : à savoir comment l'art et la connaissance, quand ils prennent leur origine à la même source spirituelle, peuvent frayer des voies à un nouveau style de culture. La recherche artistique du temps présent oscille, en différents jeux d'ombre, entre des contrastes encore plus aigus que ceux des directions artistiques précédentes de l'impressionnisme et de l'expressionnisme : les tendances abstraites allant jusque dans le domaine mathématique et les tendances surréalistes s'appuyant sur l'irrationnel et sur l'affect : un reflet vraiment époustouflant de la problématique de notre temps[4].
> [...] Il s'est révélé techniquement impossible de fixer ces esquisses dessinées à la craie de couleur. Au cours du temps, elles ont passé, le papier fragile a été endommagé et l'on s'étonne que, bien que les feuilles aient été utilisées souvent à travers les décennies lors des lectures de conférences dans la menuiserie du Goethéanum, il y en ait tant qui aient été conservées[5].
> Malheureusement des difficultés techniques ne permettent pas en général de reproduire en couleur ces tableaux dans les publications de conférences (éditions de livres et de brochures). De telles reproductions seraient beaucoup trop chères. On ne peut que donner un pâle reflet, une allusion en dessin — hachures en noir et blanc — des schémas qui illustrent ces conférences[6].

4. Assia Turguenieff fait ici allusion aux différents courants de la première moitié du XXe siècle : impressionnisme, expressionnisme, art abstrait, cubisme, surréalisme.
5. On le doit à Julius Hebing (1891-1973), artiste peintre qui étudia les théories des couleurs de Goethe et de Steiner.
6. Assia Turguenieff, graveur de métier, fit elle-même des dessins en hachures noir et blanc selon les directives de Steiner. Ils étaient destinés à remplacer les dessins à la

> Mais est-ce nécessaire ? Rudolf Steiner a dessiné au tableau un cercle ou un triangle un nombre incalculable de fois. Rien n'est plus connu que la représentation d'un triangle ou d'un cercle, et pourtant si l'on a l'image devant soi, on fait appel à une autre activité que si on se la représente seulement. Si le cercle est tracé à la main, pas au compas, il en appelle d'autant plus à l'activité qui anime la perception. C'est de cet élément actif qu'a besoin avant tout le lecteur des écrits de Rudolf Steiner. Et, chaque fois que les circonstances le permettent, de telles esquisses y trouvent effectivement leur place. Pour ceux qui connaissent ces tableaux de conférences depuis le début et qui s'y sont intéressés, il manquera les plus beaux, entre autres les dessins du cycle intitulé *Quatre imaginations cosmiques.* Il y a des années, Marie Steiner fit mettre de côté ces dessins et les transmit au Goethéanum pour conservation. Quant aux dessins des années 1924 et 1922 réalisés à Dornach, la plupart furent détruits par l'incendie du premier Goethéanum.

Ce texte, rédigé par une collaboratrice qui avait côtoyé Steiner de très près en tant qu'artiste, présente un intérêt historique et culturel. Car il fallait un certain courage pour montrer les dessins hors de leur contexte, à l'époque où elle les exposa. Comme on a pu le lire un peu plus haut, Assia Turgenieff se félicite de leur bonne conservation (même s'ils sont pour certains un peu passés) alors qu'ils étaient très fréquemment utilisés lors des lectures entre les membres des conférences de Steiner. Il aurait été facile pour elle de penser qu'ils allaient perdre toute leur valeur et même de leur intérêt sortis de leur contexte. Mais elle fut la première à les exposer seuls.

Après cette exposition, les dessins restèrent conservés aux archives jusqu'à la dernière décennie du XXe siècle. Pour comprendre la démarche de Steiner, qui relève pratiquement d'une performance, regardons le processus qu'il mit en route le 23 décembre 1921 à Dornach lors d'une conférence qui fait partie du cycle intitulé : *Les forces cosmiques et la constitution de l'homme.*

Pendant cette conférence, Steiner dessina tout en expliquant dans le détail ce qu'il faisait et pourquoi il le faisait : « Pour résumer cela d'une manière schématique, nous allons faire tout d'abord un croquis du processus organique humain avec de la craie blanche ». Sur le fond noir, Steiner trace très légèrement avec le plat d'un morceau de craie blanche une forme ovale assez large.

craie de couleur des tableaux noirs pour les publications des cycles de conférences.

> Prenons maintenant de la craie rouge pour rendre dans ce processus organique les substances inorganiques et inanimées qui ne sont pas excrétées mais qui se déposent partout. Je les répartis d'une manière particulièrement dense en haut parce que ces substances inanimées non excrétées sont avant tout éliminées et déposées dans la tête.

Steiner trace alors avec une craie rouge un gribouillis enchevêtré de lignes courbes en haut de l'ovale blanc, qui se dissolvent vers le bas en pluie, sous la forme de traits de plus en plus petits.

> Or tout l'organisme humain est pénétré du Moi. Je vous le représente en vert. Vous voyez que le Moi y entre partout en contact avec les substances inanimées. Il les pénètre.

Steiner, à l'aide d'une craie verte, parcourt la surface ovale de traits obliques dynamiques et cerne cette même surface par une longue courbe d'un seul jet.

Et la conférence continue :

> [...] voyons ce qui se passe lorsque nous pensons ; stimulé par les perceptions extérieures, par les souvenirs, le Moi s'empare en quelque sorte de ces substances inanimées et les accorde à nos stimulations sensibles, ou à celles que fait le Moi avec ces substances inorganiques, c'est à peu près comme si, les doigts pleins de craie, je me mettais à dessiner des figures au tableau.

Steiner n'interrompt pas son discours ; il développe sa pensée plus avant :

> [...] c'est avec ce qui dépérit en nous, qui se détache de la vie, qui se minéralise, que le Moi exécute des figures en nous, qu'il dessine en fait la somme de nos pensées.

Il mentionne au passage le nom d'un médecin philosophe, Czolbe[7], qu'il calligraphie à la craie blanche au tableau et qu'il qualifie comme l'un « des meilleurs penseurs matérialistes » du XIXe siècle.

Puis il examine les impulsions volontaires de l'homme qui se déploient là où, dans le corps, il n'y a aucun processus de minéralisation mais des processus de vie :

> [...] quand il y à volonté, je quitte mon corps et c'est grâce à ces forces qui me sont extérieures que je remue. Quand on lève une jambe, on ne la lève pas grâce à ces forces qui sont en nous, mais à des forces qui agissent effectivement depuis l'extérieur. Alors que la pensée fait que l'on est attiré vers l'intérieur, [...] l'acte volitif nous fait plonger dans le monde, il nous y adonne.

7. Heinrich Czolbe (1819-1873).

Il prend ensuite une craie jaune et inscrit : *Denken* (penser) en haut de l'ovale vert, dans la pelote rouge qu'il perce de huit flèches, quatre grandes dirigées vers l'intérieur et quatre autres plus petites dirigées vers l'extérieur. Puis il écrit le mot *Wollen* (vouloir) au bas de la forme ovale verte et trace quatre flèches dirigées vers elle, deux de chaque côté. Il s'agit donc ici de l'action réciproque de la pensée et de la volonté ou, dit de façon plus dynamique, du penser et du vouloir.

Après ce résumé succinct de la conférence, examinons le dessin au tableau noir qui a accompagné la parole du conférencier : l'ovale vert turquoise évoque une forme de tête avec une concentration de traits rouges emmêlés en haut du dessin, traversés de flèches jaunes ; le mot *Denken* (penser) est écrit au sein de cette concentration extrême (rouge et jaune) au niveau du front.

La courbe qui ceint cet ovale délimite bien un intérieur fermé qui paraît encore dynamisé et activé par le jaune qui provient de l'extérieur par le bas sous forme de flèches et du mot *Wollen* (vouloir), tracé avec vigueur.

Enfin, un intérieur plus froid est éclairé, comme réchauffé par des forces extérieures et intérieures à la fois.

Derrière tout cela, il y a l'activité du Moi qui pénètre tout l'organisme humain, représenté ici en vert ; le Moi est de nature suprasensible, mais il s'appuie sur le support du corps. Le Moi dessine en nous, « il réalise effectivement des dessins à l'aide de ces substances, des cristallisations, même si les formes de ces dernières ne se trouvent pas dans le règne animal (en rouge sur le schéma) [...], il dessine la somme de nos pensées. [...] Et le Moi s'unit aux forces du cosmos, et c'est depuis la partie spirituelle du cosmos, de l'extérieur, qu'il déploie sa volonté ».

Ces quelques phrases extraites de la suite de la conférence permettent d'éclairer à nouveau le schéma.

Steiner inscrit l'homme dans le cosmos ; ici il s'agit plutôt de l'organisme humain animé par le Moi qui « dessine en nous des figures qui n'ont pas grand-chose de commun avec celles que nous avons coutume de dessiner extérieurement »[8].

8. Et un peu plus loin : « Quand nous pensons, nous mourons constamment (par une sorte de détachement). Ce qui se meurt en nous, ce qui se détache de la vie, ce qui se minéralise, c'est ce avec quoi le Moi dessine en nous, avec quoi le Moi dessine en fait la somme de nos pensées ». Ces extraits de conférence de Steiner sont tirés du cycle intitulé : *Les Forces cosmiques et la constitution de l'homme. Le mystère de Noël*, Genève, éditions Anthroposophiques Romandes, 1985, p. 150-155. Voir aussi le dessin au tableau noir fait pendant la conférence p. 56 in cat. « Wie ein Atmen im

Il dessine lui-même au tableau noir avec des craies tout en expliquant que le Moi dessine en nous lorsque nous pensons. La craie blanche est utilisée à plat comme fond délimitant la forme générale ; elle servira également à calligraphier le nom du médecin cité lors de l'exposé. La craie rouge, utilisée par le bout, parcourt la surface blanche avec des courbes, des traits et des points ; la craie jaune enfin est aussi utilisée par le bout pour les traits qui sont le plus visibles sur le dessin, les flèches et les deux mots importants de l'exposé.

Le spectateur-auditeur de l'exposé pouvait suivre les pensées exprimées oralement et regarder l'image construite petit à petit visuellement. Et, pendant cette conférence précise, Steiner explique méthodiquement ce qu'il fait sur le tableau et pourquoi cela ne se passe pas toujours ainsi.

Le comment, chacun pouvait le voir par lui-même car la couleur et le geste jouaient un grand rôle.

Le fond noir tout d'abord : il agit comme un cosmos immense (même si les dimensions de ces papiers noirs fixés au tableau noir ne dépassaient pas 1m/1m50) ; le noir agrandit la surface, lui ôte ses limites :

> L'esprit peut pénétrer le noir, il peut y être actif. Vous pouvez dans le noir introduire l'esprit, [...] : le noir est l'image spirituelle de l'inerte, de ce qui est mort[9].

Le noir induit et introduit une notion de liberté ; ce n'est pas la page blanche mais la feuille noire, la surface, qui devient espace dès que l'on introduit un trait à la craie blanche, par exemple. Il stimule l'imagination.

Le noir et le blanc : la tension la plus grande, l'obscurité et la lumière ou le clair-obscur :

> Nous ne doutons pas que le noir et l'obscurité soient une seule et même chose ; nous identifierons donc très facilement le blanc avec la clarté, avec la lumière en tant que telle. Si nous élevons notre étude au niveau de la sensibilité, nous constaterons le rapport intime qui unit le blanc à la lumière.

Et un peu plus loin :

> Le blanc, ou la lumière, est dans l'âme l'image de l'esprit[10].

Lichte », Rudolf Steiner Verlag, Dornach, 2003.

9. Steiner, Rudolf, *Nature des couleurs*, Genève, éditions Anthroposophiques Romandes, 1978, p. 25.
10. Steiner, Rudolf, *Nature des couleurs*, *op. cit.*, p. 22-24.

Lorsqu'on pose un trait blanc sur le tableau noir sous la forme d'écriture, de surface, de schéma ou autres graphismes, c'est le contraste maximum ; la craie blanche est le médium le plus habituel et le plus utilisé. C'est précisément ce que faisait Beuys quelques années plus tard pendant ses actions lorsqu'il couvrait ses tableaux noirs d'écritures et de schémas avec de la craie blanche pour illustrer son discours.

Steiner n'utilisait pas seulement la craie blanche ; certains de ses dessins ne sont faits qu'avec des craies de couleur.

Les couleurs ont aussi des significations très précises.

Le vert est la couleur de la plante « et la plante se caractérise par le fait qu'elle est douée de vie [...]. Le vert présente donc l'image morte de la vie »[11], morte parce que c'est la couleur rouge qui en sera l'éclat vivant.

Le vert et le rouge sont inséparables et complémentaires à la fois. Un rouge et un vert resplendissent côte à côte.

Le jaune lui « veut rayonner [...], lorsque le jaune est délimité, il ne parle pas, car il ne veut pas être arrêté par des limites, il veut rayonner dans une dimension quelconque »[12]. Le bleu est l'opposé du jaune : « il exige le contraire du jaune, de rayonner de la périphérie vers le centre »[13] (le jaune rayonnant du centre vers la périphérie)[14].

Steiner introduit ensuite la notion de perspective des couleurs, qui nous intéresse ici, car les spectateurs-auditeurs des exposés et dessins au tableau étaient, en général, plus ou moins loin ou près du conférencier. Certaines couleurs s'avancent comme les couleurs chaudes (rouge, orange, jaune) et d'autres, au contraire, s'éloignent comme les couleurs froides

11. Steiner, Rudolf, *ibidem*, p. 18-19.
12. Steiner, Rudolf, *ibidem*, p. 33.
13. Steiner, Rudolf, *ibidem*, p. 34.
14. La théorie des couleurs de Steiner se poursuit plus avant : « Le rouge, le jaune et le bleu sont autre chose que le noir, le blanc, le vert et le fleur de pêcher ou incarnat (couleur de la peau). Vous le voyez par ce fait que rouge, jaune et bleu ont un caractère opposé à celui des couleurs-images [...] J'ai appelé images, couleurs-images, le noir, le blanc, le vert et le fleur de pêcher ». Steiner parle aussi des ombres car, dit-il, les ombres et les images sont par nature apparentées. « Le jaune, le rouge et le bleu, je les appellerai : éclat, couleurs-éclat. Le noir, le blanc, le vert, le fleur de pêcher, apparaissent avec la qualité d'images. Avec le jaune, le bleu et le rouge, les objets brillent ; ils offrent leurs surfaces aux regards, ils resplendissent » (p. 38). Certaines couleurs sont donc apparentées à la lumière (bleu, jaune et rouge), d'autres sont davantage liées à l'obscurité ou ombre ; elles ont le caractère d'image (noir, blanc, incarnat et vert). Kandinsky et Klee ont aussi élaboré chacun une théorie des couleurs dans leurs écrits théoriques pendant leurs périodes d'enseignement au *Bauhaus*.

(bleu, vert-bleu, violet-bleu). Il est très facile de se rendre attentif à ces mouvements de couleurs vers l'avant ou vers l'arrière ; il se crée alors, grâce à elles, un mouvement interne dans l'espace de la feuille noire qui permet au regardeur du dessin de participer lui-même au mouvement.

On peut remarquer que s'exerce là l'un des principes fondamentaux de la peinture abstraite, qui attribue un rôle très important au regardeur[15].

D'autres facteurs entrent aussi en ligne de compte : le mouvement du conférencier, ses déplacements entre son pupitre (pour Steiner) et les tableaux et tous ses gestes, ceux engendrés par l'expression de ses idées et ceux qui font naître des images ; images nées de l'imagination de l'auditeur et de l'observation du « regardeur-regardant » le conférencier en train de dessiner.

Les conférences de Steiner avaient le caractère d'un « *happening* ». Ces dessins qui surgissaient du noir, de l'obscurité, faisaient naître des images car le noir est l'endroit où tout semble se dissoudre, excepté les détails qui se présentent à l'auditeur.

Les gestes du conférencier, pour autant que l'on puisse en juger par les résultats graphiques qui en témoignent, devaient être très variés : précis, rapides souvent, peut-être quelquefois hésitants, mais efficaces et signifiants.

On peut distinguer plusieurs types de dessins présentant des graphismes différents.

Certains, tracés avec le plat de la craie comme dans un souffle, montrent un mouvement léger et très délicat[16].

D'autres se présentent comme des schémas explicatifs ; ils aident à la compréhension de l'exposé avec des mots écrits, quelquefois des phrases entières ou des vers.

Il y a aussi ceux qui sont un peu effacés, mouvants et comme « en train de se faire », et ceux au contraire bien appuyés, tracés d'une main énergique. Certains dessins paraissent aussi naïfs que ceux des enfants, qui jaillissent spontanément du mouvement.

15. Kandinsky, Wassily, *Du spirituel dans l'art*, *op. cit.*, chapitres V et VI : « Action de la couleur » et « Le langage des formes et des couleurs ».
16. Catalogue Zürich 1999 : Rudolf Steiner, *Wandtafelzeichnungen* 1919/1924, Köln, DuMont Buchverlag, 1999, p. 69, 129, 133 et 147.

Tout cela évoluait dans le temps, car une conférence durait environ une heure et demie. Les images créées étaient évolutives, cursives et successives tout au long de la conférence.

Steiner avait aussi l'habitude de dessiner sur des carnets personnels ; le dessin faisait partie intégrante de sa démarche de connaissance. Il ne se servait pas de notes ou de manuscrits pour ses conférences. Ses dessins au tableau noir n'étaient donc jamais préparés à l'avance et prolongeaient son discours.

Steiner s'est exprimé à ce sujet de façon très précise lors d'une conférence devant les ouvriers du premier Goethéanum (année 1915) :

> Messieurs, il se trouve que, de nos jours, les gens veulent qu'on leur montre tout. Je vous l'ai déjà dit, l'être humain veut tout filmer, il veut partout faire un film pour que cela vienne de l'extérieur. Mais si on veut vraiment avancer comme il faut spirituellement, on doit vraiment veiller partout à ce que, quand on accueille quelque chose du monde, on puisse l'élaborer par son travail. Et pour cette raison, ce sont ceux qui, à l'avenir, éviteront le plus possible de se faire tout filmer mais qui voudront bien accompagner les choses par la pensée quand on leur parlera du monde, ce sont ceux-là qui parviendront le plus au spirituel. Et, vous voyez, je ne vous ai pas présenté de film, mais je vous ai fait des dessins qui sont nés au moment où vous pouviez voir ce que je veux avec chaque trait et accompagner les choses par la pensée. Et c'est aussi ce qui doit être intégré dans notre enseignement avec les enfants : le moins possible de dessins finis et le plus possible ce qui naît dans l'instant où l'enfant peut voir chaque trait qui apparaît.
>
> De cette façon, l'enfant accompagne intérieurement le processus et de cette manière, les hommes sont incités à une activité intérieure qui les mène ensuite à trouver leur demeure dans le spirituel et à nouveau parvenir à une compréhension du spirituel[17].

17. Sam, Martina Maria, article du catalogue Rudolf Steiner, *Wandtafelzeichnungen* 1919-1924, *op. cit.*, p. 18 : « Meine Herren, das ist es eben, dass die Leute heute sich alles vormachen lassen wollen ! Ich habe Ihnen schon gesagt : Der Mensch will alles verfilmen heute (1923 !), er will überall einen Film machen lassen daraus, damit es aüsserlich an ihn herantritt. — Wenn man richtig geistig vorwärtskommen will, muss man überall darauf sehen, dass, indem man etwas aufnimt von der Welt, man es durcharbeiten muss. Daher werden diejenigen mehr zum Geistigen kommen, die in der Zukunft möglichst vermeiden, sich alles vorfilmen zu lassen, sondern recht viel mitdenken wollen, wenn ihnen in der Welt gesprochen wird. Und, sehen Sie, ich habe Ihnen keinen Film vorgeführt..., sondern, ich habe Ihnen Zeichnungen gemacht, die im Moment entstanden, wo Sie sehen konnten, was ich mit jedem Strich will, wo Sie mitdenken können. Das ist auch dasjenige, was schon in unseren Kinderunterricht heute einziehen muss : möglichst wenig fertige Zeichnungen,

On voit donc à la lecture de ces quelques phrases que pour Steiner les dessins au tableau n'étaient pas seulement des illustrations pour ses contenus de conférences. Ce qui comptait pour lui, c'était l'activité intérieure de ses auditeurs-regardeurs qui pouvaient assister à la naissance de ces dessins en cheminant avec le geste de chaque trait du conférencier de façon directe et authentique.

möglichst viel von dem, von dem, was im Augenblick entsteht, wo das Kind jeden Strich sieht, der entsteht. Dadurch arbeitet das Kind innerlich mit, und dadurch werden die Menschen zur innerlichen Tätigkeit angeregt, die dann dazu führt, dass sie mehr ins Geistige sich hineinleben und wiederum Verständnis bekommen für das Geistige ».

L'engagement social

Par son action de conférencier, Steiner intervenait dans différents cercles. Il était devenu un homme public connu dans toute l'Europe en tant que secrétaire général de la Société théosophique allemande puis comme anthroposophe, fondateur de la Société anthroposophique.

Après la Première Guerre mondiale, entre 1918 et 1925, Steiner devient actif dans la société civile et intervient auprès de ses concitoyens.

L'anthroposophie se caractérise précisément par des actes concrets dans différents domaines.

Après son retrait de la Société théosophique en 1913, Steiner fonde la Société anthroposophique :

> Si l'état d'esprit, l'attitude et l'activité de la Société fussent demeurés ce qu'ils étaient à ce moment, jamais mes amis et moi n'en serions sortis. Nous aurions pu former, par exemple, dans le cadre de la Société théosophique, une section d'Anthroposophie, mais à partir de 1906, on prévoyait déjà, par un certain symptôme, une prochaine décadence de la Société ; cette décadence prit peu à peu des proportions alarmantes[1].

Steiner fait ici allusion à l'affaire Alcyon, du nom d'un jeune garçon hindou, connu sous le nom de Krishnamurti, qui était présenté par les théosophes comme la réincarnation du Messie ; Krishnamurti se retirera lui-même plus tard de la Société théosophique pour suivre son chemin personnel et transmettre son enseignement.

À partir de ce moment-là (1906) et dans les années qui suivirent, la rupture se fit de plus en plus prévisible et pour plusieurs raisons.

1. Steiner, Rudolf, *Autobiographie*, Genève, éditions Anthroposophiques Romandes, 1979, p. 182.

Steiner pensait que l'influence de l'Orient, très lié au monde divin (le Bouddha étant sa plus belle représentation), ne devait pas occulter la tâche de l'Occident qui se devait concrète et engagée dans la société.

Serge Bramly, dans sa biographie de Steiner, raconte que lors d'un séjour à Paris en 1906, il évoqua dans un cycle de dix-huit conférences la signification de ce que Schuré, son traducteur, appelle « l'ésotérisme chrétien » :

> Les théosophes sont d'abord étonnés : le Christ, et non l'Orient, est au centre du discours de Steiner. Ils sont étonnés de découvrir un Occident aussi riche, un ésotérisme chrétien qu'ils soupçonnaient à peine. Puis ils comprennent que la « vie nouvelle » dont parle le secrétaire de la section allemande est immédiatement réalisable dans l'Europe du XXe siècle naissant.
> Ils quittent le domaine abstrait de l'érudition théosophique et dérivent des applications pratiques à la pénétration du monde de l'esprit. Et cette pénétration est possible pour tous. Autrefois, explique Steiner, la religion, pour ce qu'elle contenait de sagesse cachée, était la voie conduisant à un savoir supérieur ; mais de nos jours, connaissance et foi sont devenus inconciliables, et c'est par la connaissance seule — accessible à tous les hommes — que ce savoir peut et doit être atteint[2].

L'autre raison, conséquence de la précédente, est la nécessité affirmée par Steiner du rôle spirituel de l'art qui devait engendrer une métamorphose de l'organisation des congrès de la Société théosophique. Steiner avait remarqué que les théosophes semblaient mépriser le sensible parce que très attentifs aux réalités de la vie spirituelle ; ils rattachaient l'art au domaine des sens, donc aux illusions. Steiner avait une tout autre idée de l'art qui pouvait montrer l'esprit (le spirituel) par le travail de la matière (à travers la matière : la voix, le corps, le son, la couleur…). « L'image », disait-il, « qui est un des moyens de l'art, possède une spiritualité plus grande que la conception théorique : elle est vivante et ne paralyse pas les forces vives de l'âme »[3].

Le congrès de Munich de 1907 se prête à cette expérience. Mais la rupture est inévitable. En janvier 1913, Annie Besant signifie officiellement à Steiner son rejet de la section allemande de la Société théosophique et le 3 février de la même année, la première assemblée de la Société anthropo-

2. Bramly, Serge, *Rudolf Steiner, prophète de l'homme nouveau*, Paris, Retz, Bibliothèque de l'irrationnel, 1976, p. 124.
3. Bramly, Serge, *op. cit.*, p. 127.

sophique est convoquée. Le 20 septembre 1913, à Dornach près de Bâle, est posée la pierre de fondation du premier Goethéanum, appelé alors « *Johannes-Bau* » (Maison Johannique).

Tout va donc très vite, constructions, conférences de plus en plus nombreuses ; l'activité de Steiner et de ses proches collaborateurs s'intensifie jusqu'à l'incendie du premier Goethéanum en 1923, qui engendre comme une pause réflective :

> Après l'incendie qui vient de se produire, on ne peut se remettre à l'ouvrage que si la Société anthroposophique se renforce intérieurement, si elle se dégage d'erreurs qui atteignent son nerf vital.

Il parle même de la nécessité d'une transformation profonde, d'un assainissement de la Société :

> Lorsque les anthroposophes se révéleront par un sentiment finement et nettement caractérisé pour la vérité et le réel, on verra alors immédiatement qu'il (l'anthroposophe) a le sens de la mesure et qu'il ne va pas plus loin dans ses assertions que la réalité ne le lui permet[4].

L'anthroposophe cherche tout d'abord à retrouver un lien avec les lois du vivant par l'observation des phénomènes de la nature sans les couper de leur contexte ; par les perceptions il cherche à développer une pensée ordonnatrice et des concepts vivants susceptibles d'être revisités le plus souvent possible. Le lien avec la phénoménologie de Goethe est très clair et s'avère comme point de départ à toute démarche réelle de pensée : l'anthroposophie s'intéresse à la réalité du monde (visible) et aux lois (cachées) qui président à cette organisation. Il en est de même pour les besoins fondamentaux de l'homme, les phénomènes sociaux, les relations humaines, la vie culturelle et la vie de l'esprit. Toute action doit nécessairement partir d'une observation et s'appuyer sur une réflexion engendrant une action.

Un autre aspect important de la démarche anthroposophique est le chemin de pensée stimulé par un travail méditatif qui permet de faire le lien entre le sensible et le suprasensible et de vivifier les facultés de connaissance au sens large, « des pensées voulantes ! et qui ne sont pas des pensées abstraites ».

Steiner soulignait toujours que le plus important était le lien que chacun était capable de faire entre sa pensée, son sentiment et sa volonté, car il pensait que l'époque du début du XXe siècle demandait aux hommes

4. *Ibidem*, p. 206-207.

d'être toujours plus avertis de la réalité du monde de l'esprit pour pouvoir être psychiquement à la hauteur des exigences de la vie.

L'assemblée générale de Noël 1923 est décisive et donne les directions à l'anthroposophie actuelle.

Une année après l'incendie, Steiner propose publiquement la création de la nouvelle société qu'il baptise « Société anthroposophique universelle » et dont il prend la présidence. L'alinéa 4 des statuts indique :

> Notre Société n'est pas une société secrète, mais ouverte au public. Tout homme peut en être membre, quelles que soient sa nationalité, sa condition, sa religion, ses convictions scientifiques ou artistiques, s'il approuve que l'institution que représente le Goethéanum à Dornach existe en tant qu'Université libre de Science Spirituelle.

Les statuts élaborés lors du congrès de Noël 1923/24 sont toujours d'actualité.

Les activités de cette université étaient réparties en cinq sections. La section des belles-lettres fut dirigée par le poète et peintre suisse Albert Steffen (vice-président de la Société). La section artistique (art de la parole, eurythmie, musique, théâtre) fut prise en main par Marie Steiner, qui avait mis en route avec Steiner tout le travail théâtral lors des congrès de la Société théosophique. Ita Wegman prit la direction de la section médicale et sa compatriote, Élisabeth Vreede, la section des mathématiques et de l'astronomie. Günther Wachsmuth, secrétaire et trésorier de la Société anthroposophique, s'attacha au développement de la section des sciences de la nature.

Steiner créa en même temps l'École supérieure de science spirituelle, fondement de l'Anthroposophie[5] :

> L'École de science de l'esprit se trouve au cœur de la Société anthroposophique ; elle part de l'observation que le monde est tel que nous le pensons. C'est pourquoi elle place la sensibilisation, l'intensification et la transformation de la pensée en son centre. Ce « changez l'orientation de votre esprit » est à la fois but et méthode de cette école : découvrir des dimensions nouvelles dans notre regard sur le monde en travaillant notre sens de l'observation et notre sensibilité à l'aide de la science de l'esprit et de la méditation. L'école se donne pour tâche la recherche de la dimension spirituelle de l'existence. Ici sont posées les questions de la destinée, de la

5. Ce texte est paru dans la dernière brochure de présentation du Goethéanum et de l'anthroposophie, datée de 2007. Elle est éditée en plusieurs langues.

réincarnation, de la religion et du sens de la vie. Au centre même se situe le travail méditatif et mantrique inauguré par Steiner[6].

Le premier janvier 1924, après avoir étudié les questions financières, la décision fut prise de construire le second Goethéanum. Steiner dessina alors à la craie sur un tableau noir le motif principal de ce nouveau bâtiment. Il réalisa ensuite une maquette de cet édifice.

À ce moment-là seulement fut prise la décision de reconstruire le second Goethéanum dont Steiner fit la maquette et qui fut ouvert au public en 1928.

L'École accompagne et coordonne aussi la vie dans les différents domaines d'orientation anthroposophique. C'est donc la tâche des sections, qui sont devenues plus nombreuses actuellement.

À côté de la section d'anthroposophie générale, d'autres sections existent maintenant pour les sciences et l'agriculture, les mathématiques et l'astronomie, les arts plastiques et les belles-lettres, la pédagogie, la médecine et les sciences sociales, les arts de la scène et la jeunesse.

C'est ainsi que la Société anthroposophique universelle rassemble des personnes de toutes les cultures désirant développer un lien avec la dimension spirituelle de la vie. Les membres se rencontrent en groupes régionaux, locaux ou interrégionaux, autour de sujets choisis, et s'engagent souvent dans des initiatives culturelles. Ce réseau d'échanges se concrétise en séminaires, colloques et conférences, manifestations artistiques et grands congrès internationaux, autant d'occasions d'entretiens sur la vie méditative ou de participation à des projets sociaux touchant aux questions fondamentales de notre société.

Mais qu'est-ce que l'anthroposophie aujourd'hui ?

Steiner consacra toute sa vie au développement d'une méthode de connaissance devant permettre l'expérience de la réalité d'un monde spirituel. L'anthroposophie, étymologiquement, « sagesse de l'homme », se donne pour but de permettre à l'homme d'aller vers une orientation autonome de sa spiritualité. Elle veut apporter aussi des impulsions dans plusieurs domaines de la vie sociale. Les réalisations issues de l'anthroposophie en pédagogie, médecine, agriculture et architecture ont été effectives et visibles un peu partout dans le monde, particulièrement dans le dernier tiers du XXe siècle.

6. *Ibidem.*

La création de l'école Waldorf

Pour comprendre l'impulsion sociale à l'origine de la création de la première école Waldorf, il faut revenir aux années d'après-guerre. Après la capitulation allemande, Steiner, en 1919, lança un « Appel au peuple allemand et au monde de la culture »[1] qui fut diffusé et signé par de nombreuses personnalités du monde politique et culturel qui n'appartenaient pas toutes au mouvement anthroposophique. Cet appel avait pour but d'éveiller la conscience du peuple allemand après l'échec de la guerre pour qu'il se tourne vers l'avenir avec un regard plus large et attentif aux besoins sociaux du temps.

À cet appel fit immédiatement suite la proposition de la « tripartition de l'organisme social » qui préconisait une organisation de l'État en trois systèmes libres et indépendants : le spirituel-culturel, le politique et l'économique. Ce qui signifiait pour chaque citoyen la liberté de pensée, l'égalité devant la loi et une fraternité dans le domaine économique.

Malgré l'intérêt suscité par cette proposition de travail social, cet « Appel » à une réforme de la société et au réveil des citoyens ne fut pas vraiment entendu.

La même année, en 1919, Emil Molt, directeur du personnel de l'usine Waldorf-Astoria de Stuttgart, donna en quelque sorte à Steiner l'occasion de concrétiser en partie cette impulsion sous la forme d'une école pour les enfants des ouvriers de cette entreprise. Ils exprimèrent auprès de Steiner leur souhait profond d'une pédagogie largement ouverte à la culture et à l'humanisme. Ce fut la première école Waldorf, qui s'installa dans les locaux d'un ancien restaurant où, après de nombreux agrandissements, elle loge toujours.

À l'école Waldorf de Stuttgart, les élèves pouvaient suivre un enseignement de sept à dix-huit ans. Cet enseignement s'appuyait principalement sur les facultés de création de l'enseignant quelle que fût la matière

1. Bramly, Serge, *ibidem*, p. 183 à 187.

enseignée : le contact du professeur avec ses élèves était très important et sa rencontre avec eux se faisait à travers une discipline avec en arrière-plan une connaissance profonde du développement de l'enfant à chaque âge de sa vie. Les matières artistiques et artisanales, pratiquées au même moment à plein temps et de manière professionnelle au *Bauhaus*[2] par les étudiants, faisaient partie intégrante du cursus d'apprentissage des élèves de l'école Waldorf à tous les âges, dans un souci pédagogique-humaniste d'élargissement de toutes leurs facultés. Le but de l'enseignement se caractérisait aussi par des échanges libres et un partage des connaissances.

Steiner, après avoir recruté et formé l'équipe des professeurs de la première école par un cours de pédagogie intensive et organisé toute la partie administrative avec les autorités locales, n'enseigna pas lui-même dans l'école. Il venait simplement très souvent de Dornach à la Waldorf-Schule de Stuttgart pour accompagner les professeurs lors de leurs réunions pédagogiques communes de travail. Il en profitait aussi pour leur rendre visite dans leurs classes.

Dans le contexte économique et social de crise de l'après-guerre en Allemagne, beaucoup d'esprits s'étaient mobilisés pour proposer une organisation de la société plus juste et porteuse d'avenir[3]. L'école Waldorf et l'école du *Bauhaus* furent deux institutions nouvelles qui portent encore leurs fruits aujourd'hui. Dans ces deux écoles, c'est l'art qui était au centre du cursus d'apprentissage : l'enseignant et l'artiste ne faisaient qu'un. Le travail des étudiants du *Bauhaus* avait pour but d'inspirer et de féconder la production industrielle par leurs créations artistiques alors que la tâche des professeurs de l'école Waldorf était d'être eux-mêmes des artistes en pédagogie.

Steiner lui-même avait été enseignant dans sa jeunesse, précepteur de plusieurs enfants pour payer ses études, et en particulier d'un enfant handicapé[4] (hydrocéphale) qu'il avait réussi à force de soins, de patience et d'attention pendant six ans à remettre sur les rails puisque cet enfant, déscolarisé, avait pu réintégrer l'école et faire des études de médecine. Quelques années plus tard, il avait donné des cours réguliers pendant cinq ans à l'École de formation des ouvriers de Berlin.

2. L'école du *Bauhaus* fut fondée la même année que l'école Waldorf de Stuttgart, en 1919, mais à Weimar.
3. Gropius pour le *Bauhaus* et Steiner pour l'école Waldorf.
4. Steiner, Rudolf, *Autobiographie*, op. *cit.*, chapitre 6. Il s'appelait Otto Specht. Il devint médecin militaire et mourut en 1915.

Dans ces années difficiles, le souci pédagogique le rattrapait. Il mit un soin tout particulier à l'accompagnement de cette initiative de Stuttgart qui accueillit très vite non seulement les enfants des ouvriers de l'usine Waldorf-Astoria, mais aussi d'autres enfants des alentours. Puis cette école essaima. Steiner fit de nombreuses conférences sur l'art pédagogique entre 1919 et 1924 en Allemagne, en Hollande et en Angleterre, où il eut l'occasion de parler des « valeurs spirituelles dans l'éducation et la vie sociale ».

Un article du journal *Manchester Guardian* du 3 août 1922 raconte :

> Le point central de toute la conférence fut la personnalité et l'enseignement de Rudolf Steiner. [...] Ses conférences, pour lesquelles nous lui exprimons une reconnaissance toute spéciale, nous ont apporté de façon vivante un idéal humanitaire d'éducation. Il nous a parlé de professeurs qui, en communauté, utilisent en toute liberté, sans être limités par des ordonnances ou des réglementations extérieures, une méthode d'éducation tirée uniquement de leur connaissance exacte de la nature humaine. Il nous a parlé d'un genre de connaissance dont l'éducateur a besoin, connaissance de l'entité humaine et de l'univers, qui est aussi bien scientifique qu'artistique et intuitive, et qui pénètre profondément dans la vie intérieure[5].

Lorsque Steiner visitait l'école Waldorf de Stuttgart dans les premières années, il demandait toujours aux élèves : « Aimez-vous vos professeurs ? » Cette question paraît un peu étrange actuellement où l'enseignement se doit de rester objectif. Et pourtant chacun sait bien que l'enseignement passe d'abord à travers une personne. On pourrait aussi demander aux élèves et aux professeurs après un cours ou une journée de classe : « Avez-vous pu rencontrer vos professeurs, vos élèves aujourd'hui, et comment la rencontre s'est-elle passée ? »

À la fin du cours préparatoire que donna Steiner aux futurs professeurs de la première école de Stuttgart, trois conseils clôturent ce cycle de conférences : le professeur doit être un être d'initiative dans les grandes et les petites choses, il est aussi censé s'intéresser à son époque et à tout ce qui se passe dans le monde, et enfin il n'est pas possible qu'il fasse des compromis avec la vérité. C'est un programme exigeant et dynamique.

Il existe actuellement plus de mille écoles Steiner-Waldorf dans le monde ; elles présentent toutes un visage différent suivant le pays où elles sont implantées, le contexte socio-économique et religieux où elles vivent. Mais elles travaillent toutes avec pour base la connaissance profonde du développement spirituel, psychique et physique de l'enfant.

5. Hemleben, Jean, *Rudolf Steiner, sa vie, son œuvre, op. cit.*, p. 141-145.

Lehmbruck, Beuys et Steiner

L'expérience de la sculpture

Ces trois artistes font l'expérience de la sculpture avec des approches différentes. Ils vont tous les trois faire l'expérience d'une sculpture élargie ayant pour point de départ l'être humain et pour marche d'arrivée le corps social.

Joseph Beuys, d'origine allemande, est un artiste emblématique qui se plaça très tôt dans une perspective de recherche qui le rapprocha de Steiner.

Rencontre avec l'œuvre du sculpteur Lehmbruck

Beuys naquit en 1921 en Allemagne, entre les deux guerres. Dès sa petite enfance à Clèves, il courait dans la campagne à la découverte des animaux et des plantes, des pierres, le monde des sciences de la nature plus généralement l'intéressait au plus haut point.

Décidé à suivre des études de médecine en 1940, il fut cependant incorporé dans la « *Luftwaffe* » en tant que pilote de guerre. Après la guerre, il prit la décision de se rendre à l'Académie des Arts de Düsseldorf où il entra dans l'atelier de sculpture d'Ewald Mataré[1].

Ce raccourci biographique cache des épisodes de la vie de Beuys qui deviendront par la suite des points forts de son œuvre artistique : la chute de son avion dans le désert des Tatars en Crimée, qui lui sauvent la vie en l'enveloppant de graisse et de feutre, ou, un peu plus tard, la rencontre

1. Ewald Mataré (1885-1965), professeur titulaire de sculpture, avait été limogé en 1933 par les nazis comme artiste dégénéré, avant de réintégrer son poste en 1946 à Düsseldorf.

des sculptures de Wilhem Lehmbruck[2] qui produisent en lui un choc très profond.

Son apprentissage de sculpteur dans l'atelier de Mataré est très rigoureux du point de vue technique. Il y apprend la taille de la pierre, la sculpture sur bois, la mosaïque et participe à la réalisation des commandes publiques que devait honorer Mataré. Il obtint lui-même quelques commandes personnelles venant de connaissances et d'amis de la région de Clèves.

Heiner Stachelhaus[3] précise dans les premiers chapitres de son livre la relation de Beuys à la sculpture et son évolution jusqu'au concept de « sculpture sociale ».

Lorsqu'il reçut le Prix Wilhelm Lehmbruck de la ville de Duisburg, le 12 janvier 1986, onze jours avant sa mort, il prononça un discours où il reconnaissait en Lehmbruck son grand inspirateur.

L'œuvre de Lehmbruck lui avait fait comprendre que le concept de sculpture prenait là une autre dimension ; ce concept s'élargissait pour englober une perception de l'espace à la fois extérieur et intérieur à travers le corps humain : « Les sculptures de Lehmbruck ne doivent pas être perçues de manière visuelle mais à travers une intuition ouvrant des organes de perception totalement différents ; l'ouïe, la pensée, la volonté ».

Fabrice Hergott[4], commissaire associé de l'exposition « Joseph Beuys » de 1994, écrit à ce propos :

> Les dernières sculptures de Lehmbruck sont en effet une étonnante représentation de la pensée en évolution, bien différente de la gestualité d'un Rodin. Lehmbruck déforme ou plutôt informe la figure humaine, qui ne répond plus seulement à une anatomie musculaire mais aussi mentale. Il y introduit la forme de la pensée naissante et évolutive, qui se dégage du buste pour monter vers la tête tandis que les bras ressemblent à des leviers disjoints par l'effort de cette ascension. Peu d'artistes avant Beuys avaient remarqué qu'il faisait sortir la sculpture de la traditionnelle bipolarité de la courbe et de la contre-courbe, du plein et du vide en intégrant et en matérialisant l'émergence de la pensée dans la forme.

2. Wilhelm Lehmbruck, sculpteur allemand, né en 1881 et mort en 1919, fit aussi ses études à l'Académie de Düsseldorf entre 1901 et 1906.
3. Stachelhaus, Heiner, *Joseph Beuys, une biographie*, New-York–Paris–Londres, Abbeville, 1994, p. 14-15.
4. Hergott, Fabrice, « L'art comme un couteau aiguisé », *in* Catalogue de l'exposition *Joseph Beuys*, Paris, Centre Georges Pompidou, 1994, p. 68.

Beuys prit alors conscience que la sculpture pouvait résulter de matériaux physiques (il l'avait appris à l'atelier de Mataré) mais aussi de matériaux psychiques et spirituels[5]. C'est ce qui constitua son projet fondamental d'artiste : la sculpture de son être personnel, sa propre biographie tout d'abord et ensuite ses relations avec les autres, plus largement l'organisme social dans lequel nous évoluons et dont nous avons la responsabilité. D'où un engagement intense dans l'enseignement (à l'Académie des Beaux-Arts de Düsseldorf où il avait fait ses études de sculpteur) et un grand investissement dans la vie de la cité par des actions, des interventions, des discours, des conférences, pour métamorphoser les formes sociales et en trouver de nouvelles.

Liée à Lehmbruck par un autre biais, une autre influence importante pour Beuys fut celle de Steiner et de l'anthroposophie. En effet Beuys avait découvert que Lehmbruck, avec de nombreux intellectuels, politiciens, industriels et artistes, avait signé en 1919, l'année même de sa mort, l'« Appel au peuple allemand et au monde de la culture » dans lequel Steiner, après l'échec de la Première Guerre mondiale, proposait pour l'Allemagne une organisation tripartite de l'État. Cette tripartition établissait trois domaines distincts inspirés des trois idéaux de la révolution française : le juridique avec l'égalité de tous devant la loi, l'économique avec le principe de fraternité mis réellement en pratique, et le culturel (art, science et religion) dans lequel la liberté devait régner sans partage.

Beuys s'appropria ces concepts et élabora dans les années soixante une « Théorie de la Sculpture Sociale » qui fut à la base de tout son travail d'enseignant et d'artiste.

La plastique sociale

Alors qu'il était élève à l'Académie de Düsseldorf, Beuys chercha à connaître Steiner et encore davantage qui il était et quelles étaient ses conceptions personnelles de la vie et de l'art.

5. Catalogue *Oublier Rodin*, Musée d'Orsay, Paris, essai de Thierry Dufrêne : « Le dilemme de la sculpture moderne entre autonomie de la forme et sculpture sociale ». Thierry Dufrêne y cite Beuys qui « affirme que les sculptures de Lehmbruck ne peuvent pas être comprises visuellement » au sens strict du terme. On ne peut les comprendre qu'avec une intuition de tous les autres organes des sens ouvrant leur porte intuitive. C'est essentiellement l'acte de l'écoute, de la contemplation, de la volonté : cela veut dire que l'on trouve dans sa sculpture des catégories que l'on n'avait jamais trouvées ailleurs auparavant, p. 100.

C'est ainsi qu'avec sept autres élèves de la classe de sculpture de Mataré qui s'intéressaient à l'anthroposophie, il participa à des séminaires de travail. Son compagnon d'études, Günther Mancke, raconte :

> Nous sept, dont Beuys, pendant deux ans environ, nous fréquentâmes régulièrement les conférences et les séminaires d'introduction, et avant tout, chaque semaine le cercle d'études du professeur Max Benirschke qui était le lecteur et responsable de la Branche anthroposophique de Düsseldorf. À vrai dire, il n'y avait pas de discussions dans ce cercle ; nous posions des questions et Benirschke développait son enseignement, de manière magistrale mais avec une grande force de conviction. Il était un élève personnel de Steiner et avait à l'époque dans les soixante-dix ans. Ce qu'il racontait se rapportait à un savoir et une expérience très étendus.

En 1951, Beuys fait avec ses amis un voyage à Dornach. Et pendant la semaine qu'ils passèrent là, ils purent regarder tranquillement les dessins et esquisses de Steiner pour les vitraux du Goethéanum et furent très impressionnés par l'authenticité de ces dessins au crayon.

Beuys avait un chemin très personnel au regard de la démarche artistique dite « anthroposophique».

L'art développé avec l'impulsion anthroposophique suivait la démarche goethéenne et cela, Beuys ne voulait pas le faire ; en tous cas, pas de cette façon-là. Son cheminement personnel était très différent.

Günther Mancke, son ami, écrit :

> Il ne pouvait pas suivre les voies de l'art goethéaniste, bien qu'il les jugeât justes et nécessaires. Il fallait justement qu'il regarde toutes choses à partir d'un autre aspect. Il attendait énormément de l'art, mais cette attente s'appliquait à ce qui n'est pas cliché, à ce qui n'est pas fabriqué selon des recettes, sans créativité. Jamais il n'aurait pu se satisfaire de quelque chose dont on aurait pu dire : oui, c'est de l'art anthroposophique. Beuys aspirait à l'authenticité et à la vraie créativité. C'est par exemple ce qu'il a trouvé dans les esquisses au crayon de Steiner.

Beuys devint lui-même professeur à l'Académie des Beaux-Arts de Düsseldorf en 1961, à l'âge de quarante ans.

Il fut un enseignant attentif et soucieux de ses élèves :

> Dans son enseignement, Beuys abordait toujours de manière très personnelle ses étudiants. À l'époque, il y avait souvent un problème avec les écoles anthroposophiques d'art. D'un côté, il s'agissait de transmettre tout naturellement ce qui a un caractère objectif et dont on est convaincu que c'est la direction d'avenir. Mais d'autre part, il fallait considérer qu'il n'était pas question de mettre un couvercle sur la tête des élèves, mais de laisser s'épa-

nouir ce qui en eux est créateur sur le plan individuel ou ce qu'ils apportent comme élément personnel [...]

Beuys me montra donc les étudiants de sa classe. Une vingtaine étaient présents ; au total il y en avait peut-être quarante au maximum mais ils n'étaient jamais tous là. Les quatre cents dont on parlait volontiers n'existaient vraiment que sur le papier. Beuys a traité aussi cette chose avec beaucoup de souplesse. C'était un vrai chaos : on venait une fois, disait bonjour, puis disparaissait pendant quatre semaines. Seule une minorité suivait de manière régulière le travail[6].

Beuys fut un professeur passionné mais aussi très contesté ; il considérait l'enseignement comme une mission et pensait que tout le système d'éducation devait être revu. L'enseignement de l'art devait être étendu à toutes les matières. Il devait imprégner tous les enseignements scientifiques, littéraires, économiques... car cela n'avait pas de sens d'enseigner l'art à l'école de manière isolée, quelques heures par semaine.

Les étudiants qui travaillent avec moi commencent au moins à sentir tout cela. Peu importe que j'enseigne l'anglais, l'art ou la botanique, partout doit agir le principe artistique.

L'éducation artistique doit envahir tous les domaines, et particulièrement à l'école primaire, de manière à commencer très tôt pour qu'à l'adolescence les jeunes puissent être capables de grandes réalisations artistiques.

Je ne cesserai jamais de souligner que « l'artistique » doit être rencontré dans toutes les matières étudiées. Même si l'initiative revient au professeur d'art pour enclencher le processus. Il doit être formé, pour savoir de quelle façon sa spécialité se relie à d'autres sujets. Fondamentalement, même avec les jeunes élèves, l'art devrait être le sujet le plus difficile[7].

Et il allait jusqu'à dire :

Les écoles doivent devenir des lieux d'éducation dans un sens nouveau, d'éducation comme formation sculpturale. L'être humain a besoin d'être formé dans la bonne voie, c'est-à-dire d'être pétri. Il doit être entièrement pétri de la tête aux pieds. Il est malléable, il peut être travaillé sculpturale-

6. Toutes les citations de ces deux dernières pages sont extraites d'un article de Rudolf Bind, « Un compagnon d'études témoigne : Günther Mancke à propos de Joseph Beuys », revue *Tournant*, juillet 1994, p. 10-15 (traduction Michel Joseph). Revue *Tournant*, mensuel édité par l'Association Art Social, Chatou.
7. Stachelhaus, Heiner, *Joseph Beuys, une biographie*, *op. cit.*, p. 80.

> ment. Or l'éducation que reçoivent aujourd'hui les enfants les gauchit pour la plupart. Les enfants ne deviennent pas sculpturaux : ils restent rigides, sans vie. Ils se font vieux avant l'âge. Ils tournent à un égoïsme de philistins. Et telle est la cause de l'inabordable et immorale société où nous vivons de nos jours. Cette éducation défaillante a des conséquences inouïes[8].

Ces propos de Beuys rejoignent les réflexions de Steiner et son engagement dans la création déjà évoquée des écoles Waldorf en 1919.

La parole et le discours

Beuys était à la fois enseignant et artiste ; il ne séparait pas vraiment ces deux activités ; elles étaient pour lui tout à fait complémentaires.

Beuys considérait le professorat comme l'activité la plus appropriée pour établir les bases de la sculpture sociale. Il était aussi le tremplin idéal et le mieux approprié pour réaliser son objectif : à travers « l'élargissement du champ de l'art » (Beuys était convaincu que la conception traditionnelle de l'art entièrement fondée sur l'image et la sculpture était du passé), il devenait possible et primordial de mettre l'accent sur une vision anthropologique de l'art qui engloberait toutes les formes de l'expression humaine.

C'était un professeur-né, un artiste, qui se réalisait avant tout dans ce rôle.

Ses « actions » nombreuses en sont le témoignage vivant. Il utilisa abondamment les moyens proposés par tous les médias.

Lors de l'exposition « Joseph Beuys » en 1994 au Centre Georges Pompidou, Julie Heintz fut chargée de constituer un fonds de films et vidéos de Beuys montrant ses actions. Elle écrit dans son article sur « La question des médias » :

> Les médias sont en effet pour lui l'occasion de rappeler que le concept même de culture doit être élargi — au-delà de l'art en soi — à l'éducation et l'enseignement supérieur, à la presse, la radio, la télévision, à l'ensemble des organes d'information qui sont devenus aujourd'hui une entreprise d'État.

Et en conclusion :

> Les films et vidéos constituent une mine inépuisable d'informations sur les conceptions plastiques et les stratégies de communication de Beuys. La part

8. *Ibidem*, p. 81.

> du film se trouve précisément à la charnière de la première partie de son œuvre, plus nettement sculpturale, et de la seconde, plus orale et démonstrative, celle des grands combats sociaux [...]. Les vidéos, elles, sont devenues des documents de mémoire, c'est-à-dire des machines du temps : chacune potentialise par l'image et par le son une part d'un Beuys toujours présent. Elles assurent ainsi le principe de chaleur de la circulation[9].

Un film-reportage[10] montrant Beuys dans sa classe avec ses étudiants a été réalisé en 1971.

Ce reportage est intéressant, car il permet de se faire une idée précise de ce que fut l'enseignement de Beuys à l'Académie des Beaux-arts de Düsseldorf durant l'année 1971, où il commença à passer outre les conditions d'admission et à accueillir tout étudiant intéressé, ce qui lui valut d'être destitué de ses fonctions de professeur un an plus tard.

On voit d'abord une action dans la salle de classe où Beuys lave les pieds de ses étudiants. Puis, une lampe de poche attachée à chacune de ses cuisses, il s'agenouille dans une baignoire et se fait asperger d'eau à l'aide d'un arrosoir par Johannes Stüttgen.

Parallèlement, d'autres étudiants réalisent des actions, utilisant des vers de farine et du chanvre. Puis le groupe des étudiants mène une action politique dans la rue. Des tracts sont distribués, des passants sont interpellés...

On peut voir ensuite des groupes de discussion sur des sujets philosophiques, politiques, artistiques ou même personnels. Beuys ne fait aucune différence entre sa pratique artistique et son enseignement, tous deux sont de qualité et d'importance égale. Il ne s'agit pas pour lui de former des artistes. Il veut au contraire mettre en place des processus pour que chacun puisse découvrir sa propre personnalité. « J'aimerais créer une situation dans laquelle les étudiants s'enseignent à eux-mêmes », dit-il.

Au cours du film quelques étudiants donnent à diverses reprises leur opinion sur leur professeur. Ce qu'ils apprécient dans son travail pédagogique, c'est la façon dont ils apprennent à établir des relations entre les choses, sans tomber sous son influence. Pour eux, Beuys s'y connaît en psychologie et comprend les gens. L'initiative de la discussion doit d'ailleurs toujours venir des étudiants.

9. Catalogue de l'exposition *Joseph Beuys*, Éditions du Centre Georges Pompidou, article de Julie Heintz, p. 284-288.
10. « Joseph Beuys und seine Klasse, Beobachtungen, Gespräche, Fragen » (Joseph Beuys et sa classe, conversations, questions), 1971, film 16 mm., 40 min. Réalisation Hans Emmerling du 3 au 27 février 1971.

Beuys est ensuite filmé en dehors de son atelier dans sa voiture, puis avec son fils Wenzel à Stockholm, commentant son installation « *Das Rudel* »[11] (la horde ou le troupeau). À la fin du film, on peut voit des extraits de l'Action « Celtic+ » à Bâle, où des thèmes issus de l'action montrée au début sont repris : le lavement de pieds et le baptême[12].

De nombreuses actions et des entretiens de Beuys ont été filmés à sa demande. Il considérait les médias, presse, télévision, radio, cinéma comme faisant partie intégrante de la culture. Leur utilisation allait de pair avec la nécessité d'un élargissement du concept de culture. Il se servit des médias comme d'outils techniques pour diffuser largement son concept de « sculpture sociale ».

Pour d'autres actions il se servait de matériaux pauvres, simples comme la graisse, souples comme le feutre, le cuivre, le miel, plus rarement utilisés par les plasticiens mais qui se laissent travailler assez facilement. Beuys les manipulait en les touchant sans les toucher, tout en les respectant pour leurs qualités de malléabilité, d'affinité et de sensibilité avec le chaud et le froid, engendrant des changements d'état thermiques qui modifiaient leur apparence visuelle.

Dès ses premières actions Fluxus[13], au début des années soixante, Beuys s'appuie sur des explications linguistiques. La parole, le geste et la pensée deviennent son matériau privilégié, ils sont « sculpture ».

En cela il est aussi tout proche de Steiner, qui était très attentif à l'art du discours pendant ses conférences et à l'art de la diction et de la parole[14] pour les représentations théâtrales sur la scène du Goethéanum.

11. Cette installation, datant de 1969 (Staatliche Museen Kassel), met en scène un camping-car Volkswagen d'où surgissent comme une horde animale vingt-quatre luges en bois sur lesquelles sont fixés une couverture de survie, une lampe-torche et un morceau de graisse. C'est une référence directe à l'épisode biographique de sauvetage de Beuys pendant la guerre en Crimée et un clin d'œil à la culture hippie.
12. Ces commentaires et réflexions sont extraits du petit fascicule *Joseph Beuys, films et vidéos*, Paris, éditions du Centre Georges Pompidou, 1994, p. 63-64.
13. Fluxus est un mouvement fondé en 1961 par Serge Maciunas qui veut abolir les limites entre les arts et construire un lien entre l'art et la vie : « l'art c'est la vie, la vie c'est l'art ».
14. L'art de la parole est enseigné dans les instituts de formation des professeurs, il est pratiqué avec les élèves pour l'apprentissage des poésies et lors de la mise en scène des jeux de scène ou des pièces de théâtre à tous les âges scolaires. Voir thèse de Serge Maintier, orthophoniste et artiste de la parole, soutenue publiquement à

Les installations

Ce sont les dessins qui constituent en quelque sorte la trame fondamentale de tout le tissage de la pratique de la sculpture sociale de Beuys. Suivant l'exemple de grands dessinateurs comme Léonard de Vinci, Rembrandt, Delacroix, Matisse, Duchamp, Beuys souligne « l'importance du dessin comme véhicule d'un processus mental, plutôt que comme style esthétique »[15].

Ann Temkin insiste sur le fait — et cela lui paraît très important pour le processus du dessin — que la lutte de Beuys dans les années d'après-guerre pour trouver sa démarche personnelle d'artiste fut accompagnée et soutenue par la production intensive de dessins sur papier :

> Les dessins constituent le lieu originel de la transformation dans l'œuvre de Beuys. Ils forment, en un sens, le tissu conjonctif de sa carrière, qui relie les diverses activités de l'artiste sur une période de cinq décennies. Les dessins énoncent et mettent en scène le jeu des dualismes — intellect et intuition, matière et esprit, monument et anti-forme — qui sont au cœur même du sens et de la tension de l'art de Beuys.

Cette remarque et la suivante montrent l'activité intense générée par ce travail graphique sur et avec des matériaux de récupération : livres de compte, papiers imprimés, papier journal, matières liquides, jus divers obtenus avec du sang ou des mélanges de solutions de minéraux comme le minerai de fer, de couleur brune rappelant celle du miel. Ces dessins[16] ne sont pas faits d'après nature, mais par leur fluidité, leur finesse de touche et leur tâtonnement pressenti révèlent une recherche difficile à caractériser mais authentique et fondamentale. Ils représentent à la fois ses animaux fétiches comme les cerfs, les abeilles, les lièvres, que l'on retrouvera plus tard dans ses actions publiques, mais aussi la femme, le monde végétal et plus largement, le monde de la nature. Nous savons que Beuys fut un enfant très curieux de son environnement naturel proche qu'il explora avec passion.

l'Université de Franche-Comté sur « Les formes aériennes des sons du langage » le 20 décembre 2007, École doctorale « Langages, Espaces, Temps, Sociétés ».

15. Temkin, Ann, pour cette remarque et les suivantes extraites d'un article intitulé « Les dessins de Joseph Beuys », in Catalogue de l'exposition *Joseph Beuys*, *op. cit.*, p. 57-65.
16. *Ibidem.*

Nombre de ses dessins furent rassemblés sous le titre « *The secret block for a secret person in Ireland* ». Ils témoignent d'une recherche expérimentale qui se poursuivra tout au long de la carrière de Beuys. Il s'exprime ainsi en 1974 à Oxford :

> Ce sont là des dessins que j'ai mis de côté pendant des années, un peu ici et là chaque année. Il y a des milliers de ces dessins dans des collections privées, mais la nature de ce « Block secret » (*Secret block*) est différente dans son ensemble, il représente ma sélection de « formes pensantes » (*thinking forms*) en évolution pendant une période donnée. [...] Il était très important pour moi de faire ces dessins — pour moi, ils sont plus proches de la réalité que d'autres genres de la prétendue réalité[17].

Beuys, par l'intermédiaire de ses dessins, définissait l'art comme un moyen d'ouverture du monde contemporain vers un univers de communication, de sensation, de compréhension, inaccessibles si l'on en restait au niveau profane.

Ceux qui ont travaillé avec Beuys décrivent que ses nombreux dessins jonchaient son atelier ; ils étaient ensuite exposés en masse dans des cadres très simples pour permettre à celui qui regarde de vivre les métamorphoses d'un dessin à l'autre :

> La sensation se métamorphose, atteint alors une dimension cinématique, tandis qu'un caractère semble s'élever et sortir d'un dessin vers un autre, qu'une ligne graphique change de costume un nombre infini de fois, et que les distances se dilatent et se contractent.

Comme Steiner, Beuys considérait que le dessin était indispensable à sa propre démarche de pensée ; le dessin agissait comme la continuation de son processus de pensée :

« Tout est dessin pour moi », expliqua Beuys un jour. Il considérait son atelier comme un laboratoire dans lequel il travaillait sur des comptes rendus de recherche. Le dessin constituait pour lui la base de tout son travail d'artiste comme il le comprenait dans sa vision du « champ élargi de l'art ».

Après son renvoi de l'Académie de Düsseldorf en 1972, l'activité publique de Beuys s'accentue et il entreprend de faire des actions pour se transfor-

17. Hergott, Fabrice, Catalogue de l'exposition *J. Beuys*, p. 67-74.

mer lui-même et aussi ses auditeurs, « en révolutionnant leur rapport à l'art et à leur propre univers »[18].

Pour Beuys, « la parole est sculpture ». Il agissait en pédagogue et, comme Steiner avant lui, parlait et accompagnait sa parole de schémas, croquis ou dessins sur des tableaux noirs. Eut-il connaissance de l'exposition organisée par A. Turguenieff en 1958 et put-il la visiter ?

> Beuys plaça le dessin au cœur de ses performances dans les années soixante-dix, époque à laquelle il commença à pratiquer la « sculpture sociale ». Il cherchait alors à étendre le processus de transformation, après lui-même et l'art, à la société dans son ensemble. Tandis que les actions débattaient métaphoriquement du changement, la sculpture sociale y travaillait de façon directe. Le dessin de Beuys fonctionnait à présent comme un véhicule de communication. Dans les années cinquante, le dessin était un moyen de dialoguer avec lui-même ; dans les années soixante-dix, il lui permit d'établir un dialogue avec un public qu'il désirait unir dans la discussion de problèmes de société, d'éducation, de gouvernement et d'environnement. Avec, en toile de fond, l'image d'un Beuys face à sa classe, le dessin devient alors inséparable de son discours, soit prononcé face à des individus isolés, soit confronté à de vastes auditoires devant lesquels il évoque sa vision.
> L'imagerie des tableaux noirs et les dessins des années soixante-dix diffèrent incontestablement des travaux sur papier antérieurs, par leur nouveau langage en forme de diagrammes où les mots, les signes et les motifs donnent la cartographie de la vision qu'avait Beuys de l'histoire et de son idéal d'autogouvernement.
> La théorie comme les signes révèlent une forte dette envers Rudolf Steiner, qui avait influencé les premiers dessins de Beuys et ses attitudes vis-à-vis de l'art. Par leur répétitivité inlassable, ils renvoient à la dimension incantatoire des années cinquante.
> Les plus beaux tableaux noirs sont ceux réalisés sur de la véritable ardoise plutôt que sur d'autres types de panneaux. Avec leurs traces de gommages et leurs écritures raturées, ils possèdent cette aura élémentaire du graffiti ou des peintures rupestres que l'on retrouve également dans les feuilles des années cinquante[19].

Beuys dessinait presque seulement avec de la craie blanche, contrairement à Steiner qui utilisait beaucoup les craies de couleur pendant ses interventions. Si nous regardons l'installation « *Richtkräfte* », nous avons à la fois la trace et le témoignage d'une action. La genèse de cette installation remonte à l'exposition à l'Institute of Contemporary Arts de Londres

18. Temkin, Ann, *op. cit.*, p. 57-65.
19. *Ibidem*, p. 57-65.

où, pendant toute la durée de la manifestation, Beuys parla aux visiteurs des « Forces directrices d'une nouvelle société », c'est-à-dire du concept élargi de l'art.

Tout en parlant, il écrivait à la craie blanche sur des tableaux noirs :

> Les tracés à la craie sur tableau noir réalisés à cette occasion n'étaient pas systématiquement effacés, en revanche, on échangeait régulièrement les tableaux. Des trois tableaux posés chacun sur chevalet, l'un restait toujours vierge. Une fois ces tableaux couverts de dessins et d'inscriptions, Beuys fixait les tracés et les jetait au sol de la salle où se déroulait l'action qui, au fur et à mesure, se couvrait d'un nombre croissant de ces tableaux. À la fin, ces dessins et concepts étaient eux-mêmes devenus sol. [...] Les tableaux fonctionnent comme supports de concepts et comme facteurs énergétiques. [...] L'environnement « *Richtkräfte* » avec cette mer de tableaux noirs étalés au sol en est une démonstration — sur l'un des tableaux dressés il a inscrit : *Make the secret productive* ! Si, au début, les concepts, et d'abord le concept plastique (concept élargi de l'art), étaient le véritable objet de l'action, les tableaux n'étant que leur projection (tableaux comme le firmament où apparaissent les corps célestes et les étoiles avec leur trajectoire logique), au fur et à mesure du déroulement, les tableaux sans cesse renouvelés, changés puis jetés en devenaient eux-mêmes l'objet.
>
> Le processus de genèse du concept se traduit sur chaque tableau qui, mis en évidence pendant la durée de la réalisation, est un Tout et représente le monde ; ce processus est sans cesse renouvelé avec les changements de tableau. Les traces de craie, même quand elles ont été fixées, s'estompent, sont escamotées et perdent de leur matérialité, alors les concepts ainsi que leur naissance s'en dégagent [...].

Johannes Stüttgen, l'auteur de cet article[20], imagine que ces tableaux auraient pu être réalisés avant la performance et disposés, déjà terminés, dans un arrangement préalablement établi par l'artiste. C'est alors que l'« on se rend brusquement compte que même s'il est impossible de voir chaque tableau, puisqu'ils se recouvrent les uns les autres, l'énergie qui a été libérée par le travail, la concentration, la discipline, la volonté, le mouvement et la pensée, ainsi que lors des conversations, est sa substance réelle ». Et un peu plus loin il synthétise :

> Ainsi, le titre de l'installation « Forces directrices » résume-t-il en deux mots la notion de plastique telle que la définit Beuys. Il réunit le pôle de la force (énergie, chaleur, chaos) et le pôle de l'érigé (forme, froid, ordre). Le mouvement qui, dans la théorie plastique de Beuys, est l'élément médian, n'est pas laissé à l'écart, mais tacitement présent (invisible). C'est lui qui

20. Stüttgen, Johannes, *ibidem*, p. 182-187.

> relie les deux pôles. L'union entre la force et la rectitude est présente dans cet environnement car elle est le vecteur de composition. Le chaos (non-érigé), les tableaux noirs jetés au sol sont la base énergétique agissante [...]. Sur chacun de ces cent tableaux, la globalité cosmique devient une partie de la globalité terrestre qui, elle-même, s'y intègre sous tous ses aspects. À l'opposé, et dressés sur cette base, les vecteurs directifs et formels : par exemple, les verticales, avec trois tableaux posés sur des chevalets en bois au dessus de l'horizontale d'un océan de tableaux, ou cette trinité figurée par les trois chevalets à trois pieds répartis en triangle [...] ce sont des tableaux à divers stades et sous plusieurs aspects, sous forme de représentations de concepts. [...] Et il s'agit des Forces directrices libérées par les concepts et qui renferment l'ordonnance fondamentale de forme, de la forme de la nouvelle société : les principes de base d'une conception de la société comme un organisme ternaire[21] (telle que la voyait Rudolf Steiner au début du XXe siècle), que Beuys a élaborés au fur et à mesure des actions politiques menées au début des années soixante-dix.

Cette installation évolua avec le temps et voyagea au rythme de Beuys et de ses interventions publiques et politiques.

Beuys s'est effectivement servi de ses tableaux noirs comme d'un sol conceptuel sur lequel on pouvait marcher de façon sûre et assurée. Les pensées y étaient formulées par des mots et des phrases écrites comme « *Jeder Mensch ist ein Künstler* », phrase qui fit d'une certaine façon le tour du monde tout en étant bien ou mal comprise, parfois avec circonspection, recul mais aussi avec enthousiasme. Cette petite phrase continue à faire réfléchir, à poser des questions sur le rôle de l'artiste, sur la question de l'art et sur la faculté de création de l'homme.

Dessiner est une manière de penser, de suivre un fil avec son crayon ou son stylo. Steiner et Beuys dessinaient tous deux très librement et depuis leur petite enfance ; ils étaient libérés de l'esthétique qui peut emprisonner, paralyser la main et le geste graphique, mais ils ne rejetaient pas l'idée du beau et l'adoptaient dans leurs enseignements, chacun à leur façon.

On peut évoquer ici un autre artiste contemporain, Cy Twombly, qui dessine et peint des pelotes de fils embrouillés, des mots et des souvenirs sur des petits bouts de papier qu'il colle sur de plus grands supports.

21. Steiner, Rudolf, *Die Kernpunkte der sozialen Frage* (Fondements de l'organisme social) « Der Kommende Tag », Stuttgart, 1920, p. 79-83.

Ce sont des évocations des grands penseurs et artistes grecs, comme s'il voulait retrouver son identité d'homme pensant avec une mémoire, aller à la rencontre d'un passé pour revivifier un présent toujours à prouver et à affirmer de nouveau. Ses œuvres graphiques partent à la recherche du geste et des forces primordiales de création avec des moyens très simples et sans souci apparent d'esthétique. L'impact du graphisme et des graffitis ou graffs est très grand. Cy Twombly[22] dérange et questionne.

Les murs recouverts de dessins de Steiner dans les salles d'exposition agissent comme des aiguillons, intriguent et attirent celui qui regarde. Dans les deux cas de Steiner et Beuys, quelque chose s'élabore devant les yeux du spectateur ; c'est la performance en train de se faire qui est artistique et qui est l'œuvre d'art, une gestuelle et une parole dynamique laissant des traces visibles et vivantes même sans la présence du performeur !

22. Cy Twombly (1928-2011) est connu pour ses peintures-écritures, éclaboussures et dégoulinures. Il a honoré en 2010 une commande du musée du Louvre pour la décoration du grand plafond de la salle des Bronzes : un grand ciel bleu sur les bords duquel sont peintes de grandes sphères comme des planètes et des rectangles blancs où sont inscrits les noms des grands sculpteurs grecs. Ce ciel est paisible et profond.

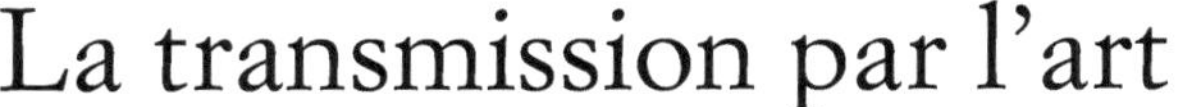

La transmission par l'art

Les expositions en France : un regard comparatiste

La redécouverte de Steiner

Rudolf Steiner reste en France quelqu'un de très énigmatique. Ce n'est plus un inconnu mais il demeure un mystère. Ses origines et son appartenance à la Société théosophique colorent sa personnalité et semblent un obstacle pour le comprendre.

Pendant les deux premiers tiers du XXe siècle, trouver des écrits de Steiner en France était difficile. Tout restait très confidentiel : les maisons d'édition, les écoles Steiner-Waldorf... Il fallait se rendre en Allemagne pour connaître et se former à la pédagogie Waldorf et de nombreux aspects de son activité demeuraient cachés.

Une découverte ou redécouverte de Steiner s'est amorcée depuis les années quatre-vingt, en tous les cas en France où il restait méconnu, sauf peut-être dans les milieux artistiques (histoire de l'art de l'architecture), universitaire (plus ouvert) et pédagogique (un tout petit peu, et surtout pour les enfants en difficulté !).

Car si on veut résumer l'impulsion originelle de Steiner, on peut dire que c'est une impulsion pédagogique civilisatrice qui s'interroge sur l'évolution de la société européenne au début du XXe siècle. Pendant la construction du Goethéanum, Steiner avait collaboré avec des hommes et des femmes originaires d'une vingtaine de pays différents. Il avait pu mesurer combien le besoin de renouveau était pressant, surtout après la catastrophe de la Première Guerre mondiale.

Il avait fréquenté le milieu ouvrier à Berlin au tout début du siècle et avait essayé de donner à ses auditeurs une vision historique ample de la civilisation européenne, mais ce sont les employés de l'usine Waldorf-

Astoria, à l'initiative du directeur Emil Molt, qui demandèrent une école pour donner à leurs enfants ce qu'ils n'avaient pas eu, un accès large et ouvert à la culture et à la connaissance.

Ces deux impulsions se rencontrent, prennent forme, et le fruit de cette union est la création d'une école où le contenu artistique de l'enseignement est primordial : il s'agit de ne livrer aucun concept définitif aux enfants mais des pensées ouvertes, évolutives, et cela dans une atmosphère de création et de découverte. L'adulte met au centre de son travail pédagogique la confiance et l'intérêt pour le développement de l'enfant qui lui est confié et qui deviendra adolescent et adulte.

Le contexte pédagogique général français se révèle un peu hermétique à ces directions pédagogiques proposées par Steiner. Que l'enfant soit considéré à la fois comme un être qui arrive du monde spirituel avec des dispositions et des facultés personnelles, qu'il chemine ensuite avec son bagage personnel physique et psychique induit la nécessité d'une éducation qui tienne compte de ces postulats. Mais cette vision spiritualiste de l'enfant ne semble pas toujours objective et gêne quelque peu. Une laïcité parfois mal comprise ou trop restrictive, constitue encore un obstacle en France.

Par contre, parler de Steiner artiste et enseignant suscite et rencontre un intérêt certain. Steiner lui-même n'a cessé de déclarer la place prépondérante de l'art au centre de la pédagogie.

Les dessins au tableau noir

Depuis les années quatre-vingt-dix, les dessins au tableau noir de Steiner sont présentés dans des sous-verres et accrochés sur les cimaises au même titre que des peintures ou des dessins autonomes.

Cette présentation leur donne d'emblée un statut d'œuvre et l'intérêt du public s'est montré très grand partout où ils ont été exposés.

Les dessins au tableau noir que faisait Beuys pendant ses performances sont totalement intégrés dans son œuvre plastique au même titre que ses dessins.

Ceux de Steiner par contre restent encore très liés aux conférences pendant lesquelles ils ont été créés. Les références des conférences sont souvent notées et commentées. Les catalogues qui accompagnent ces expositions présentent souvent un extrait de la conférence « illustrée par le dessin ». Ils ont cependant acquis une certaine autonomie et voyagent depuis une vingtaine d'années dans de nombreux pays.

Lors d'un congrès pédagogique en 2006 à Paris à l'Unesco, une dizaine de dessins au tableau noir de Steiner furent présentés sous forme d'exposition. Ces dessins qui voyageaient beaucoup n'avaient pas encore pu faire escale en France.

Ce congrès mondial était organisé par les responsables des sections pédagogique et médicale du Goethéanum à Dornach en relation avec deux représentants de la pédagogie (y compris la pédagogie curative) Steiner-Waldorf en France et en Suisse. Appelé Congrès Kolisko[1], il s'adressait aux enseignants, médecins, parents, thérapeutes et psychologues. Depuis janvier 2006, il avait voyagé en Inde (Hyderabad), à Taiwan (Taipeh), en Afrique du sud (Cape Town), aux Philippines (Manille), en Ukraine (Krim), en Australie (Sydney), à Mexico, en Suède (Järna) jusqu'à son arrivée à Paris entre le 21 et le 25 août. Le programme de ces rencontres interdisciplinaires prenait une couleur différente suivant les pays où elles avaient lieu et les intervenants sollicités, mais elles comportaient toutes dans leur programme des ateliers artistiques avec les arts de l'espace et les arts du temps.

À la Maison de l'Unesco à Paris, théâtre, eurythmie, musique et arts plastiques (modelage, dessin, peinture), expériences des sens, jeux, alternaient avec conférences, échanges et rencontres. Les thèmes de ces congrès tournaient tous autour de l'éducation du regard de l'enseignant et du thérapeute sur l'enfant et de l'art de l'éducation en tant que médecine préventive. Ces rencontres mondiales s'achevèrent à Paris avec pour thème précis « L'intuition dans la relation pédagogique ».

L'intuition pédagogique, au centre des débats, initia une approche nouvelle de l'enseignement et un regard très ouvert sur l'enfant ou l'adolescent.

Les dessins au tableau noir de Steiner trouvèrent leur place dans ce contexte.

Lors des expositions, les dessins au tableau noir sont présentés comme des tableaux, avec un cadre et un sous-verre. Les papiers noirs

1. Eugen Kolisko fut le premier médecin de la première école Waldorf à Stuttgart, créée en 1919.

fixés sur lesquels dessinait Steiner entre 1919 et1924 étaient comme un vaste champ d'expérience, même si chacun d'eux se réduisait finalement à une surface d'un mètre sur un mètre cinquante.

Dans les locaux de l'Unesco Paris, il fut très facile d'installer ces dix dessins choisis en fonction de leur intérêt graphique et de l'espace mis à disposition pour cette exposition, une pièce carrée donnant sur le hall d'entrée et de rencontre. Au centre de la pièce, des sièges mobiles furent installés pour permettre aux visiteurs de regarder tranquillement les tableaux noirs. Ceux-ci n'étaient pas présentés dans un ordre chronologique. Ils avaient été faits entre décembre 1922 et juillet 1924 lors des conférences sur des sujets très divers.

Une courte présentation orale des dessins dans leur ordre d'accrochage permettait aux visiteurs de se faire un panorama de l'ensemble des images. Les extraits des conférences correspondant aux dessins étaient mis à disposition sur une table.

Une présentation des deux premiers dessins facilitera les représentations.

Le 30 juin 1924, pendant le *Cours de pédagogie curative*, Steiner dessine les quatre corps constitutifs de l'être humain :

> [...], je voudrais vous présenter schématiquement l'organisme humain dans son ensemble. Pour plus de clarté, je dessinerai toujours en rouge l'organisation du Moi, avec ce violet-ci l'organisation astrale, ce jaune pour l'organisation éthérique, et ce blanc pour l'organisation physique. Dessin à droite [...] dans l'organisation de la tête humaine, l'organisation du Moi se cache complètement au-dedans ; le corps astral est relativement caché lui aussi à l'intérieur ; tandis que le corps physique et le corps éthérique prennent forme vers l'extérieur et façonnent les visages.

Dans le *Cours aux médecins* ou *L'art de guérir approfondi par la méditation* le 9 janvier 1924, Steiner dessine en parlant :

> Considérez ce que vous révèle la voûte crânienne par sa forme ; nous pouvons la représenter de manière schématique. Considérez cette forme et opposez-la à celle que vous révèle un os long, un fémur par exemple, que je vais schématiser ici. Or ces éléments ne sont pas isolés, des forces physiques variées s'exercent sur le pourtour de la voûte crânienne comme sur celui des os longs. Mais cet os long ne vous révélera jamais son essence si vous ne le considérez pas en relation avec l'univers.

Steiner développait un fil de pensée pendant ses conférences à l'aide de la parole, du dessin et de la couleur ; ses auditeurs l'écoutaient et le regardaient comme un professeur qui fait un cours imagé à ses élèves.

Lorsque le public prend connaissance des dessins au tableau noir de Steiner, l'intérêt peut être immédiat ou plus distant. Pendant l'exposition à l'Unesco en 2006, en dehors de quelques visites guidées, chacun pouvait regarder librement les tableaux, consultant à son gré le texte de la conférence. Après avoir vu l'annonce dans l'*Officiel des Spectacles*, certains visiteurs sont venus, attirés par une exposition de dessins au tableau noir avec le désir de retrouver l'ambiance de leur classe et du maître ou de la maîtresse dessinant au tableau lorsqu'ils étaient enfants. La curiosité et l'intérêt en conduisirent d'autres, car ces tableaux noirs étaient exposés pour la première fois en France. En 2004, lors d'une exposition dans un café à Bâle de ces fameux dessins à la craie sur tableau noir, Guido Magnaguano, directeur du musée Tinguely, s'exprime ainsi :

> Les dessins au tableau noir sont des fonds encore vierges de la pensée et du dessin créatifs qui stimuleront peut-être chez beaucoup d'autres artistes, et peut-être auprès d'un grand public d'amateurs d'art grandissant, ces formes supérieures de la créativité humaine que Steiner et Beuys appellent imagination, inspiration et intuition.

Les expositions

Deux années plus tard, au Centre Pompidou, s'ouvre une exposition sur le thème « Traces du sacré » qui s'intéresse au XXe siècle et à la recherche du spirituel dans les différentes expressions artistiques. Un des commissaires de l'exposition, Jean de Loisy, avait visité l'exposition des tableaux noirs à l'Unesco en 2006.

Cette exposition montrait un panorama très large de la production artistique du XXe siècle autour du thème des différentes spiritualités. Dès le départ, le visiteur prenait un chemin en spirale. Trois spirales jalonnaient en effet le parcours de cette exposition de manière très symbolique. Celle de Bruce Nauman ouvrait la porte de l'exposition avec des lettres en néon rouge où il fallait lire : « Le véritable artiste vient en aide au monde en révélant les vérités mystiques ». À la sortie, une autre spirale de Jonathan

Monk clôturait le parcours par une petite phrase : « Les mots se sont évanouis » ; elle répondait à la première en quelque sorte et ouvrait la perspective d'un autre chemin.

Au centre d'un parcours labyrinthique en vingt-quatre épisodes, on pouvait regarder une vidéo montrant la construction de la « Spirale en jetée » géante de Robert Smithson dans le Grand Lac Salé. Ces spirales, que l'on peut assimiler aux labyrinthes initiatiques de l'Antiquité et du Moyen Âge, sont des signes qui indiquent la volonté de parcourir un chemin de connaissance entre le monde extérieur et le monde intérieur de chacun, dans un aller et retour permanent. Le symbolisme de la spirale associé à celui du labyrinthe guidait les pas du visiteur vers des œuvres très variées et le conduisait à la question du rôle de l'artiste.

Révéler les vérités mystiques de manière si évidente que les mots s'évanouissent, disparaissent et deviennent inutiles, c'est peut-être le sens de l'œuvre géante de Robert Smithson : montrer de façon énorme l'élaboration d'une spirale avec des bulldozers, des monceaux de pierres et du sable. En regardant le film, on pouvait très bien se rendre compte que les matériaux et les éléments (eau, vent, soleil) étaient les plus importants et constituaient le creuset de l'œuvre qui disparaissait parfois et se cristallisait à d'autres moments dans le sel. L'artiste ici fait œuvre de géant de la création pour approcher au plus près de l'esprit que contient la matière.

Le ton de l'exposition était donné. Sous le signe de la spirale, sculptures, peintures, dessins, photos, performances, installations, films et vidéos se déployaient à foison dans de petites salles où le visiteur circulait, faisait des allers et retours à son gré, au fil de son propre questionnement et de son désir de découverte.

En effet, certaines œuvres étaient montrées, pour la première fois en France, à un grand public, et ce sont elles qui nous intéressent dans cette étude : les peintures de l'artiste suédoise Hilma af Klint[2] et les travaux des anthroposophes Steiner et Biély.

Comme il a été décrit dans le premier chapitre, le mouvement théosophique du début du XXe siècle, rattaché par Helena Blavatsky aux sources de la mystique hindoue, était en Europe en quête de son identité. Des

2. Hilma af Klint (1862-1944), artiste méconnue et reconnue en 1986, lors de l'exposition à Los Angeles « Spiritual in art, abstract painting » comme la pionnière de l'art abstrait.

artistes liés à ce mouvement (parmi eux Piet Mondrian ou Theo van Doesburg) recherchèrent de nouveaux moyens plastiques plus radicaux, ligne droite, couleurs primaires, plan (le néoplasticisme) et un autre style qu'ils développèrent dans la revue *De Stijl*. D'autres tentèrent de rendre visible par les moyens de l'art le monde de l'invisible : formes lumineuses et colorées peintes, photographies montrant des halos et des auras. Ce furent les prémices de la peinture abstraite, sans objet. Les recherches graphiques des représentants de la théosophie, Annie Besant et Charles W. Leadbeater avec les « formes-pensées » au tout début du siècle étaient innovantes et expressives.

Dans les mêmes années, en Suède, l'artiste peintre Hilma af Klint poursuivait une œuvre plutôt classique. Elle se consacrait plus particulièrement aux paysages et aux portraits. Intéressée par la théosophie, elle faisait aussi des expériences médiumniques en compagnie de quatre autres femmes. Elle se sentait conduite par des « Guides spirituels » pour la réalisation de la série qu'elle nomma « Tableaux pour le temple » entre 1906 et 1915. Présentés dans l'exposition du Centre Pompidou, deux tableaux de cette série, datés de 1907, s'imposaient par leur format (3m28/2m40) et leur présence énigmatique.

Peints à la tempera sur papier, ils montraient des formes florales organisées dans des cercles. Des arabesques sous forme de spirales ou de lemniscates s'agencent autour de carrés ou de triangles. Les couleurs sont sourdes, à la fois fraîches, délicates et pures, car le blanc en surcouche ou en sous-couche est très présent sur ces deux tableaux. Les titres donnent des indications pour une compréhension des tableaux qui pourraient être contemplés tels quels : des formes et des couleurs évoquant un souvenir floral de la nature.

Hilma af Klint avait rencontré Steiner en 1908 lorsqu'il alla lui rendre visite dans son atelier à Stockholm. Elle lui demanda des conseils pour sa peinture. Après une interruption de son travail d'artiste, elle-même se rendit à Dornach, s'intéressa à l'anthroposophie et reprit sa démarche picturale d'une façon plus libre et plus personnelle jusqu'à sa mort. De par sa volonté, son œuvre resta protégée pendant une vingtaine d'années et ne fut révélée au public qu'en 1986.

L'écrivain Andréï Biély, compagnon de Steiner pendant les premières années de la construction du premier Goethéanum (1913/1916), peignait aussi. Il semble que son impulsion picturale lui fut donnée indirectement par Steiner lorsqu'il le suivait en Europe avec Assia Turguenieff pour écouter ses conférences. Ces peintures de petits formats montrent des formes abstraites (pour deux d'entre elles) peintes avec des couleurs fortes dans un mouvement de spirale et de tourbillon très concentré. Ce sont des dessins de méditation à la gouache ou à l'aquarelle représentant « Les esprits de la forme (Angeloi) »[3]. Le troisième dessin montre « Les esprits de la volonté (Archai) » avec au centre de l'image un homme les bras en croix encadré par deux figures, Adam et Ève portant un cercle de couleurs. Ces dessins tirés d'un portfolio et conservés aux archives du Goethéanum, mériteraient d'être exposés comme trace d'un chemin spirituel. Ils sont aussi un témoignage de transmission au moment où Steiner prit la direction de la Société anthroposophique en 1913 après la rupture avec la Société théosophique. Car c'était bien la question du Christ qui était au centre du désaccord.

Steiner fit beaucoup de conférences sur la christologie, l'événement du Golgotha et les hiérarchies spirituelles. La christologie devint même le centre de son message à partir des années 1910. L'œuvre sculptée réalisée en compagnie d'Édith Maryon montre une représentation plastique de l'impulsion et de la présence christique pour l'homme. Trois œuvres importantes de Steiner étaient présentes dans cette exposition au Centre Pompidou, dont une maquette[4] en plâtre du Christ appelée par Steiner « Le Représentant de l'humanité ». On pouvait aussi voir la maquette du second Goethéanum aux côtés d'autres maquettes d'architectes de la même époque et un dessin au tableau noir. Steiner sculpteur, architecte et dessinateur était présent au milieu d'autres artistes de sa génération. Son travail plastique s'inscrivait aussi à sa manière dans la recherche de ses contemporains et apportait sa contribution à la découverte des «Traces du sacré ». Toutes les manifestations plastiques du sacré présentes dans cette exposition faisaient la démonstration que la recherche du spirituel fut aussi une des sources fondamentales d'inspiration pour les artistes du XXe siècle.

Et il se trouve que l'influence directe ou indirecte de Steiner sur la création artistique aujourd'hui et sur l'art de la transmission par l'art continue à être démontrée en Europe actuellement.

Une exposition à deux volets voyage en Allemagne depuis l'année 2010. Organisée par des historiens de l'art et trois grands musées, elle occupe

3. Voir Catalogue de l'exposition *Traces du sacré*, Éditions du Centre Pompidou, Paris 2008, p. 99 et 163.
4. *Ibidem*, p. 97.

l'espace de façon différente dans chacun des volets. Au Kunstmuseum de Wolfsburg, du 12 mai au 3 octobre 2010, elle s'appelait : « Die Alchemie des Alltags » et « Rudolf Steiner und die Kunst der Gegenwart »[5] (« L'Alchimie du quotidien » et « Rudolf Steiner et l'art contemporain »). À Stuttgart, sur la cage de verre du Kunstmuseum est inscrit en grosses lettres : « Kosmos Rudolf Steiners » 5. Februar — 22. Mai 2011. La dernière a eu lieu au Vitra Design Museum de Weil am Rhein en Allemagne de septembre 2011 à mars 2012 et d'autres expositions sont déjà programmées.

Les deux expositions ont chacune un objectif propre. La première montre concrètement (architecture et design, spectacles, décors et affiches, cosmétiques et bijoux, livres, journaux, articles et photos, dessins au tableau noir, carnets de dessins, aquarelles et pastels) comment Steiner fut le réformateur le plus influent des vingt premières années du XXe siècle dans des domaines très variés, pédagogie, santé et soins, agriculture et environnement, économie et société, culture et arts, tout en concentrant son attention sur l'être humain et ses relations avec la nature et le cosmos. Ce fut une alternative à la vision du monde trop matérialiste de cette époque. Ce qui a pour intérêt de montrer comment l'art, le processus de pensée en formes et couleurs, est amené à assumer un rôle central.

La seconde concerne l'art et la science, séparés après Goethe, et la relation des artistes contemporains avec les apports de Steiner dans ces domaines. Des entretiens avec des artistes majeurs, étrangers au contexte anthroposophique, et parmi eux Giuseppe Penone, Tony Cragg, Katharina Grosse, Olafur Eliasson, Claudia Wieser, Anish Kapoor, Meris Angioletti, entrent en dialogue avec le monde des idées esthétiques et philosophiques de Steiner. Leurs travaux exposés le montrent.

Ces expositions ont pour mérite de « démonumentaliser » Steiner, de le rendre accessible et de le « contemporéaniser » dans son époque et aujourd'hui. Et « en essayant de comprendre ce qui relie Steiner à Beuys et à Olafur Eliasson, Philipp Ursprung découvre Steiner comme un artiste de processus, [...] un catalyseur de transformations et un initiateur de processus plutôt qu'un créateur de formes définies »[6].

5. Deux catalogues accompagnent ces expositions et sont disponibles en allemand et en anglais : *Die Alchemie des Alltags, Alchemy for the Everyday*, Vitra Design Museum, 2010, et *Rudolf Steiner und die Kunst der Gegenwart, Rudolf Steiner and Contemporary Art*, DuMont Buchverlag, 2010.
6. Catalogue : *Rudolf Steiner and Contemporary Art*, Introduction, p. 21.

Mais si l'influence de Steiner sur la création artistique constitue un sujet d'actualité, la question de Steiner artiste reste cependant encore posée.

Le contexte français et la sculpture

Examinons une œuvre plastique de Steiner présentée lors de l'exposition parisienne en 2008. C'est une œuvre qui lui tenait particulièrement à cœur et sur laquelle il travailla pendant plusieurs années. La maquette en plâtre du « Représentant de l'humanité » présentée au Centre Pompidou montre un personnage debout, le bras droit dirigé vers le bas et le bras gauche levé vers le haut. Il avance le pied droit. À l'arrière-plan quatre figures représentent deux entités spirituelles que le personnage central tient en respect par le geste de ses bras, Lucifer vers le haut et Ahriman vers le bas. Ce « Groupe », comme l'appelait Steiner, avait été élaboré avec la collaboration éclairée de la plasticienne anglaise Édith Maryon et sculpté dans du bois d'orme. Il mesure plus de neuf mètres de haut. C'est une œuvre figurative, contrairement aux sculptures du premier Goethéanum qui sont plus ornementales et dégagées d'une imitation de la nature.

Steiner lui-même passa beaucoup de temps à sculpter ce groupe qu'il considérait comme une représentation importante de l'homme entre les deux forces antagonistes du mal : les deux tentations d'une trop grande excarnation jusqu'à l'aveuglement ou d'une trop profonde incarnation vers l'endurcissement. L'être humain se trouve entre ces deux forces : trop de lumière ou trop d'obscurité, se perdre ou se figer, s'envoler ou se scléroser, avec la question : comment garder sa stature humaine entre ces deux tentations et conserver un équilibre personnel et social ?

Cette sculpture devait, à l'origine, être placée sur la scène du premier Goethéanum. Elle a échappé à l'incendie car elle n'était pas tout à fait terminée. La mort d'Édith Maryon en 1924 et celle de Steiner une année plus tard, ne le permirent pas. Elle est maintenant installée dans un espace retiré du deuxième Goethéanum, conçu pour elle.

L'œuvre est accessible au public, mais on pourrait souhaiter qu'elle soit plus facilement visible près d'une centaine d'années après sa réalisation.

Dans une conférence sur l'art faite à Munich en 1918, Steiner en explique l'origine :

> Lors de la construction de l'édifice qui doit abriter la Société antroposophique à Dornach près de Bâle, [...] nous avons tenté de créer une sculpture en bois qui représente ce que j'aimerais appeler un être humain typique, et qui le représente de façon telle que ce qui est habituellement tendance, mais tendance réfrénée par une vie supérieure, apparaît dans la forme d'ensemble comme un geste tout d'abord, geste qui est ensuite ramené au repos[7].

Il explique ensuite comment l'asymétrie contenue dans la forme de tout être humain (notre côté droit n'est pas le même que notre côté gauche) est amenée à la surface de la sculpture mais de façon atténuée. Cinq figures sculptées font face au spectateur : un homme vêtu d'une tunique se dresse debout, la jambe droite en avant entre deux autres personnages aux corps atrophiés et déformés : l'un décharné, raide, osseux, à l'apparence morbide, et l'autre gonflé comme une éponge pleine d'eau allant à la dérive, tombant dans l'abîme, renversé. Ces deux êtres sont montrés une deuxième fois en relation étroite l'un avec l'autre à la gauche du personnage central.

Ces deux représentations montrent deux forces en l'homme qui s'expriment jusque dans le physique, mais qui sont généralement réprimées dans la vie courante. La première forme, logée dans une grotte, gît aux pieds du personnage central, la tête pointée vers lui en tension extrême. L'autre forme tombe à la renverse avec ses deux ailes déployées en extension maximum. Le personnage central maîtrise ces deux êtres avec les gestes de ses bras sans les repousser. Il semble pouvoir rétablir un certain équilibre sous le regard bienfaisant d'une tête ailée tout en haut de la sculpture. Les formes et les surfaces sculptées sont très expressives et peuvent être apparentées au mouvement expressionniste.

Le représentant de l'humanité porte plusieurs noms : « Le Groupe » ou « Le Christ entre Lucifer et Ahriman ». Steiner lui-même souhaitait que cette sculpture en bois porte un nom assez ouvert pour que chacun puisse accéder personnellement à cette œuvre d'art et cheminer librement avec elle. Il exprimait souvent que l'art véritable n'a pas besoin d'être expliqué mais qu'il est là pour nourrir la vie psychique de l'homme et pour le rendre actif. C'était pour lui une évidence que l'art devait parler aux hommes pour qu'ils deviennent des chercheurs autonomes.

7. Steiner, Rudolf, *L'art, entre sensible et suprasensible, op. cit.*, p. 65.

Pendant ses conférences sur l'histoire de l'art[8], Steiner évoqua la statue en bois en cours de réalisation, en la situant d'abord dans la lignée des représentations du Christ sur les tympans des cathédrales :

> À Autun par exemple, sur le portail roman, le Christ du jugement dernier se présente comme une image du seuil ; il trône entre les saints et les monstres qui déchirent les hommes.

Il évoque ensuite l'émergence dans les formes métamorphiques des animaux (cerfs, paons, lions, monstres et dragons), de l'aspiration renouvelée de l'homme au « Connais-toi toi-même » du fronton du temple de Delphes. Une des premières représentations de ce fait se trouve sur les mosaïques de la Chapelle archiépiscopale de Ravenne en Italie (Ve siècle) : le Christ guerrier se tient debout, prêt à combattre entre le serpent et le lion. Et il ajoute que dans la « Cène » de Léonard de Vinci, les mains et les gestes de la figure du Christ — la main droite tournée vers le bas et la main gauche vers le haut — peuvent être comprises selon ce motif du juge cosmique triomphal déjà évoqué ; cela donne donc les prémices du nouveau motif du Christ « qui ne juge pas ». Et quelque temps plus tard, lors d'une allocution à Dornach en 1917, à la suite des conférences sur l'histoire de l'art :

> Celui qui veut nommer le groupe « Groupe du Christ » doit le faire de par sa conviction personnelle, si la chose fait sur lui l'impression qu'il peut appeler Christ la figure centrale. Là non plus il ne serait pas bon de fixer quoi que ce soit d'emblée à la manière d'un document. Ce qui nous apparaît d'abord, c'est le Représentant de l'humanité, une humanité entièrement spirituelle, intériorisée. Naturellement, plus d'un établira un lien entre cette humanité intériorisée et l'entité du Christ. Il fera bien. Mais d'autre part, marquer la chose définitivement, appeler le groupe « Groupe du Christ », ce ne sera pas bon. Laissez à chacun de ceux qui le voient le soin d'en donner une interprétation et de lui donner un nom.

Steiner souhaitait que celui qui contemple cette sculpture fasse réellement une expérience artistique sensible et spirituelle à son contact.

La signification du Groupe n'est pas seulement exotérique mais bien ésotérique. Il avait sa place à l'intérieur du « Bau » sur la scène à côté des douze trônes au pied des douze colonnes et au dessous du Représentant de l'humanité peint sur la petite coupole entre Lucifer (être de lumière) et Ahriman (être des ténèbres). Il était donc présent, visible ou caché

8. Steiner, Rudolf, *L'histoire de l'art, reflet d'impulsions spirituelles, op. cit.*, p. 303.

derrière un rideau, selon les manifestations artistiques qui avaient lieu dans cet espace.

Que signifie alors pour l'homme contemporain cette image sculptée qui fut l'œuvre principale d'Édith Maryon et de Steiner ? Est-ce une image de l'homme actuel prisonnier de lui-même, prison du corps, prison de l'âme face ou à côté de celui qui se dresse et avance ?

À ce stade de l'étude, il paraît intéressant d'examiner la relation possible entre la statue en bois du « Représentant de l'humanité » et l'œuvre monumentale inachevée de Rodin, la « Porte de l'Enfer ». Dans la première, l'homme se tient debout dans un espace à la fois libre et habité, il agit, et dans la seconde, l'homme qui se dégage de l'ensemble des personnages entremêlés au sommet de la porte est assis, replié sur lui-même, il pense. L'homme debout de Steiner et le penseur de Rodin sont complémentaires et objectifs.

Entre la « Porte de l'Enfer » de Rodin et le « Représentant de l'humanité » de Steiner et Édith Maryon, il y a comme une béance dans laquelle peut se profiler l'image représentée sur les icônes byzantines de la « Descente aux Enfers » où le Christ debout écrase sous ses pieds les portes de l'enfer, attrape les mains d'Adam et Ève et les ramène vers la lumière avec à leur suite toute l'humanité. Ces trois œuvres représentent trois événements de la vie humaine. La figure du Christ n'est pas présente sur les portes de l'enfer de Rodin, c'est l'homme qui s'expose avec tous ses tourments et sa quête fondamentale.

Le style de la sculpture en bois de Steiner semble apparenté au mouvement expressionniste allemand dont le galeriste et fondateur de la revue *Der Sturm*, Herwarth Walden, se fait à la fois le promoteur et le révélateur des artistes Kandinsky, Macke, Marc au Salon d'automne 1913 à Berlin.

Autour de ces mêmes années à Paris, plusieurs artistes sculpteurs dont Bourdelle, Maillol, Brancusi, Zadkine, Lehmbruck, Archipenko, tentaient de se libérer de l'influence du maître Rodin et de construire leur travail de sculpteur sur d'autres bases, libérés d'un certain académisme pour s'engager dans une recherche de formes plastiques en accord plus étroit avec leur recherche intérieure personnelle.

Herwarth Walden écrit dans la préface au catalogue du premier Salon d'automne à Berlin en 1913 :

> Évidemment il est impossible de peindre l'esprit, mais à plus forte raison peindre sans esprit n'est pas de l'art. L'art est la configuration individuelle d'une expérience qui a été vécue individuellement. La seule chose qui soit un lien pour l'artiste et qui ait prise sur lui est le matériau de son art[9].

C'est-à-dire pour Steiner, l'esprit dans la forme ou la forme expressive de l'esprit en action : l'homme debout actif et l'homme assis pensant.

Ce groupe sculpté semble tenir une place à part dans l'histoire de l'art et de la culture du XXe siècle, bien que présent dans de nombreuses expositions comme à Paris en 2008 au Centre Pompidou. Présenté en pleine lumière, il est comme la face cachée, le cœur, le noyau du second Goethéanum dont l'architecture en béton armé s'impose comme un écrin.

Cette œuvre monumentale est encore méconnue, mais elle mérite d'être davantage regardée et interrogée, car elle touche chaque homme. Elle le place face aux forces sclérosantes de mort et à celles bourgeonnantes de vie qui président à sa destinée.

9. Traduction Lionel Richard in : « Connaissance des arts », *Expressionnisme en Allemagne,* numéro hors-série, 1992, p. 59.

L'art-thérapie

Les artistes thérapeutes

La thérapie par l'art prend sa source dans tout le travail artistique initié par Steiner pour la construction du premier Goethéanum. Mais ce qui resta le plus important et qui se développa davantage fut le travail avec la couleur sur les plafonds, à l'intérieur des coupoles. Elles furent peintes d'après de petites esquisses au pastel sur papier transparent réalisées par Steiner lui-même et agrandies ensuite par les peintres. Les couleurs utilisées étaient des pigments végétaux longuement broyés sur des plaques de marbre, mélangés au liant et appliqués sur des surfaces préparées à cet effet. La couleur devait rester vivante et garder toute sa lumière. À chacun était attribué un motif qu'il devait agrandir et peindre sur la grande et la petite coupole. La technique de peinture employée était aussi nouvelle. Jusque-là, les peintres peignaient avec des couleurs de terres et des pigments minéraux. Les couleurs strictement végétales furent choisies pour leur pouvoir de transmission de vie et leurs forces vitales intrinsèques.

La consigne était de peindre à partir de la couleur et de créer à partir d'elle. Les esquisses préparatoires de Steiner servaient seulement de support ; pas de dessin au préalable sur la surface à peindre, c'est la rencontre des couleurs qui faisait naître le motif dans un flot mouvant de nuances colorées.

Démarche difficile qui laissa plusieurs peintres à l'ouvrage dans l'embarras, d'autant plus que la plupart d'entre eux avaient une formation classique de peintres naturalistes ou symbolistes, ce qui leur demandait un retournement complet à la fois intérieur et méthodologique. Les peintres expressionnistes, fauves, abstraits avaient déjà amorcé cette métamorphose en mettant la couleur au centre de leur travail et au service de la forme.

Après la disparition du premier Goethéanum, plusieurs peintres souhaitèrent poursuivre l'étude de ces esquisses et en profiter pour demander à Steiner d'autres indications pour la peinture, en fait, une sorte de formation continue. Parmi eux, Henni Geck[1], peintre expérimentée, avait étudié à Berlin, Düsseldorf et Munich avec le peintre symboliste Lovis Corinth. Elle s'adressa directement à Steiner ; elle voulait pouvoir suivre et pratiquer elle-même un chemin d'apprentissage objectif avec la couleur pour pouvoir conduire ensuite une formation de peinture au Goethéanum.

Steiner réalisa alors à sa demande neuf esquisses au pastel que Henni Geck transforma en grandes aquarelles. Elles représentaient des atmosphères de nature et des paysages : couchers, levers de soleil et de lune, arbres en fleurs et en fruits...

Cette série fut complétée ensuite par d'autres esquisses et aquarelles d'un plus grand format destinées à la conception d'affiches pour les spectacles. « Créer à partir de l'expérience de la couleur », voilà le message principal et pour cela :

> Il faut que nous obtenions des couleurs d'où émane un rayonnement intérieur. [...] C'est pourquoi nous devrons de plus en plus trouver une voie pour passer du procédé qui consiste à peindre à partir de la palette, en enduisant simplement la surface avec la couleur matérielle, ce qui ne permettra jamais d'obtenir comme il convient la luminosité intérieure — à la méthode qui consiste à puiser au godet. Il faudra peindre uniquement avec la couleur liquéfiée, celle qui aura gardé l'apparence du fluide. Lorsqu'on a adopté le procédé qui consiste à se servir de la palette, un élément non-artistique s'est introduit d'une manière générale dans la peinture, une incompréhension de la nature intérieure de la couleur, qui en fait, en tant que telle, n'est jamais absorbée par l'objet matériel, mais vit en lui et doit apparaître venant de lui. C'est pourquoi, lorsque je la peins sur la surface, je dois l'amener à être lumineuse. Et vous savez que pour obtenir ce rayonnement, nous avons essayé dans notre édifice d'utiliser des couleurs végétales, qui sont les plus à même de donner ce rayonnement[2].

Sur cette lancée, Henni Geck conduisit son école de peinture à Dornach jusqu'en 1929. Elle enseignait avec ces « germes d'images » qu'elle retravaillait et dont elle s'occupa jusqu'à sa mort à Dornach ; elle organisa en 1930 une exposition de quatorze tableaux dont douze étaient faits d'après des motifs de Steiner. Gerard Wagner fréquenta cette école de peinture pendant deux ans. Les questions profondes qui l'animeront toute sa vie

1. Henni Geck (1884-1951).
2. Steiner, Rudolf, *Nature des couleurs*, *op.cit.*, conférence du 8 mai 1921, Couleur et matière, peindre à partir de la couleur, p. 57.

et qui constitueront le but de son travail de peintre étaient pour lui existentielles :

> Comment dans cette vie trouve-t-on le chemin vers l'intérieur de la couleur ? Comment apprend-on à maîtriser cet élément de vie à travers tout le processus pictural ? Comment se conduisent les différentes couleurs dans cet élément vivant ? Et enfin, comment apparaît la forme vivante à partir de la couleur[3] ?

Il lui fallut exercer sans relâche, transformer les esquisses au pastel en travaux à l'aquarelle, travailler sur des fonds blancs et colorés, faire des expériences sans penser à faire des tableaux « exposables ». C'était le processus même de la peinture qui l'intéressait.

En 1950, il fonda à son tour une école de peinture au Goethéanum.

C'est la génération suivante qui va s'intéresser à la thérapie par l'art. L'une de ces personnalités était elle-même médecin et l'autre artiste peintre. Margarethe Hauschka, médecin, et Liane Collot d'Herbois, artiste et thérapeute[4], développèrent un chemin thérapeutique en peinture pour les malades.

Leurs parcours personnels sont très intéressants car elles se placèrent, chacune à leur manière, sur un chemin de transmission qu'elles recherchèrent pour elles-mêmes au départ, qu'elles approfondirent et dont elles firent profiter d'autres ensuite. Elles se côtoyèrent et créèrent une école chacune à leur manière loin de Dornach et du Goethéanum.

Margarethe Hauschka était d'une famille de médecins ; les moments importants de sa biographie ont été décrits par sa proche collaboratrice, Irmgard Marbach[5]. Deux rencontres furent déterminantes dans sa vie, la sœur de sa mère, Anna May qui était peintre, et Ita Wegman.

Dés qu'elle le pouvait, elle allait en Suisse au Goethéanum (la première fois en 1920). Elle put y suivre des cours de peinture d'après les esquisses de Steiner et approfondir son lien concret à l'anthroposophie.

Pour compléter ses études de médecine, elle étudia aussi l'eurythmie thérapeutique et les massages rythmiques, ce qui lui permit de développer

3. *Die Kunst der Farbe*, p. 24-27, notre traduction.
4. Margarethe Hauschka (1896-1980), Liane Collot d'Herbois (1907-1999).
5. Marbach, Irmgard, *Une biographie* (traduction de l'allemand : Bernadette Hégu), éd. Triskel, Bâle, 2007.

une thérapie artistique auprès d'Ita Wegman[6]. Ainsi s'élabora petit à petit, par la pratique, le concept nouveau d'une thérapie par les arts plastiques : dessin, peinture, modelage.

> Ce qui importe en peinture, ce n'est pas l'image que l'on obtient, c'est le processus de son apparition et l'expérience vécue qui l'accompagne. La thérapie artistique est un chemin à parcourir qui passe par l'âme et par le Moi. Il réclame du thérapeute l'expérience d'une vie entière, une grande sensibilité et d'autres qualités qui sont liées à son propre renoncement à peindre[7].

Elle créa quelques années plus tard « l'École de thérapie artistique et de massage » en lien étroit avec la médecine, en Allemagne près de Stuttgart, à Boll-Eckwälden. Cette école existe toujours ainsi que des lieux de formation de thérapie artistique selon la méthode de Margarethe Hauschka.

Le chemin de Liane Collot d'Herbois[8] fut différent. Chez elle, la nécessité de la transmission est liée d'abord à sa vocation d'artiste. Elle fit des études dans les Académies d'art de Birmingham et de Londres où elle put admirer et copier les chefs-d'œuvre des grands maîtres de l'art occidental[9].

Puis une impulsion intérieure la conduit vers les enfants handicapés et elle découvre alors que le travail de la couleur peut être une aide pour accompagner et soigner leur handicap. Les travaux de peinture qu'elle fait avec eux lui permettent d'établir un diagnostic de leur pathologie. Cependant elle est encore très jeune ; elle s'engage alors dans un institut de pédagogie curative pour quelques années et rencontre, elle aussi, Ita Wegman, qui l'encourage à continuer son travail personnel d'artiste et « à peindre des images guérissantes ».

Ce qu'elle fait, ce travail intensif, l'amène à une perception qui sera déterminante pour son travail futur d'artiste thérapeute : elle perçoit com-

6. Ita Wegman (1876-1943), hollandaise ; après des études de médecine, elle créa la clinique thérapeutique d'Arlesheim entre Dornach et Bâle en Suisse en collaboration étroite avec Steiner, où elle développa et mit en pratique des processus de guérison basés sur l'anthroposophie. La « Ita Wegman Klinik » est toujours en activité.
7. Extrait d'une brochure introduisant à la peinture thérapeutique et plus généralement à la thérapie artistique.
8. Liane Collot d'Herbois est née en 1907 en Cornouailles. Elle vécut son enfance au bord de la mer et se mit très tôt à peindre et à dessiner.
9. Pendant ses études à l'Académie des Arts de Londres, on lui avait confié les clés du British Museum, ce qui lui permettait de regarder les chefs-d'œuvre du musée aussi souvent qu'elle le voulait.

bien l'être humain est lié à la lumière et aux ténèbres et que la couleur, qui naît de la rencontre de ces deux forces, comme l'a montré Goethe dans sa *Théorie des couleurs*, en est le troisième élément.

La lumière de la pensée est liée à l'esprit, les ténèbres ou l'obscurité de la matière sont liées au corps et la grande variété des couleurs de la région des sentiments est liée à l'âme.

Cette découverte est déterminante pour la suite du travail de Liane Collot d'Herbois. Elle détermine trois triades qui deviennent la base de sa recherche et de sa production personnelle : corps, âme, esprit — matière, sentiments, pensée — obscurité, couleur, lumière.

Après trois années à Paris, elle accompagne Ita Wegman à la clinique d'Arlesheim en Suisse et travaille avec celle-ci jusqu'à la mort de cette dernière. Ce travail avec Ita Wegman fut pour elle une source d'apprentissage et de connaissance de la maladie qui lui permit de développer un lien toujours plus étroit entre son travail de peintre et un chemin de thérapie par la peinture. Elle continua toujours à peindre tableaux, fresques, et à vivre de son travail d'artiste peintre[10]. Mais son motif principal de création était de peindre des « images guérissantes ».

En septembre 1996, elle revient à Paris pour une série de conférences destinées à des médecins, des artistes, des thérapeutes et des enseignants dont un « concentré » du contenu permet une approche plus directe de l'originalité de sa démarche.

> Avec nos yeux, nous voyons les couleurs, mais pas l'ombre ni l'obscurité. La lumière crée l'espace, elle rayonne du centre vers la périphérie à partir d'un certain point lumineux. La lumière et l'obscurité sont plus objectives. Le système médian de l'homme est dans la couleur (l'âme).
> Selon Steiner, il y a deux façons de parvenir à la guérison : par l'esprit et par l'âme. La première façon a une certaine objectivité, elle est en rapport avec la lumière. La deuxième façon de parvenir à la guérison est d'aider notre Moi à s'incarner dans notre corps physique. Notre santé dépend de la manière dont nous nous incarnons. Il y a trois niveaux de conscience, éveillée qui permet de penser, rêveuse où les sentiments se développent et endormie où la volonté agit malgré nous. Notre perception des couleurs varie donc avec notre position, où l'on est, ce que l'on voit.

La lumière et l'obscurité sont deux forces primordiales et formatrices. La santé et la maladie se logent dans cet intervalle :

10. Liane Collot d'Herbois a peint en particulier de nombreuses fresques dans des instituts pour enfants handicapés, des lieux publics, des piscines et des lieux de culte.

> Les ténèbres ont un grand rôle, aussi important que celui de la lumière. Leur action est de permettre de contacter la terre, prendre contact avec le chaos, base de la vie, pôle de la volonté, en rapport avec le système métabolique (système digestif). Nous sommes nés de l'ombre, nous devons tout à la terre et aux ténèbres. Le matin au réveil, le premier élément, c'est la volonté de la terre qui permet de donner un sens à sa vie.
> L'action de la lumière est telle qu'elle découpe, elle forme, mais elle mène à la destruction. L'homme aussi naît des ténèbres et meurt pour entrer dans la lumière. Le monde des sentiments est celui de la sympathie et de l'antipathie, de l'expiration et de l'inspiration.
> La santé réside dans l'équilibre entre les deux pôles, entre l'ombre et la lumière, sinon on tombe malade. La rencontre entre l'ombre et la lumière, c'est la couleur, c'est une forme d'amour[11].

L'expérience et l'approche thérapeutique de Liane Collot d'Herbois ont été transcrites dans deux volumes[12] relatant et résumant toute une vie d'artiste attentive.

Ce travail thérapeutique par la couleur à l'aquarelle en glacis, par le fusain pour la lumière et les ténèbres, peut être accompagné d'exercices de modelage avec de l'argile. De nombreux artistes-thérapeutes, en relation avec des médecins, pratiquent en quelque sorte leur art avec leurs patients ou, plus exactement, les accompagnent tout en leur offrant la possibilité de pratiquer un art. C'est aussi une forme de transmission.

Un lieu social

Les artistes enseignants et thérapeutes sont nombreux et d'origines diverses.

Karl Auer[13], né au début du siècle, fut artiste de la lumière et de la couleur. Après avoir été apprenti chez son père qui était maître verrier, il poursuivit ses études à l'École des arts et métiers et Arts Appliqués, la « Kunstgewerbeschule » de Stuttgart où il apprit une technique de gravure sur verre de Bohême. C'est grâce à son professeur, Wilhem von Eiff,

11. Notes prises par l'auteur de cet ouvrage lors d'une conférence donnée en septembre 1996 à Chatou.
12. Collot d'Herbois, Liane, *Couleur, une étude*, et *Lumière, ténèbres et couleur, thérapie par la couleur*, Éditions Anthroposophiques Romandes, Genève, 2001 et 1997.
13. Karl Auer (1904-1986) fut professeur d'arts plastiques au Séminaire de formation à la pédagogie Steiner à Stuttgart.

qui dirigeait l'atelier de gravure sur verre, qu'il fut mis en contact avec l'anthroposophie de Steiner.

Wilhem von Eiff[14] fut un grand maître verrier d'entre les deux guerres. Il maîtrisait toutes les techniques du verre. Il put s'entretenir avec Steiner en 1923 et initia ensuite ses élèves à la gravure sur verre pratiquée au Goethéanum pour les vitraux de la grande salle ; ce qui lui permit de développer cette technique avec ses élèves de l'École des Arts Appliqués de Stuttgart. Il avait à cœur d'introduire une impulsion guérissante moderne dans la constitution de fenêtres colorées et gravées. Il y eut entre temps beaucoup de demandes de fenêtres taillées ou gravées dans des plaques de verre blanc ou coloré, pour des maisons privées, des églises, des lieux publics, des hôpitaux, des sanatoriums ou bien des écoles. Beaucoup de personnes reconnaissaient que les plaques de verre industriel ainsi travaillées par des mains d'artiste, modulaient une lumière qui structurait les espaces. Les fenêtres, passage de lumière, prenaient une importance particulière.

C'est ainsi que Karl Auer apprit à maîtriser la gravure sur verre et conçut plusieurs motifs de fenêtres colorées pour différents bâtiments : des églises ou édifices civils, dix ans de travail qui furent en partie détruits pendant la Deuxième Guerre mondiale.

Les fenêtres qu'il réalisa pour la première école Waldorf à Stuttgart[15] où il fut professeur de peinture, de dessin, de modelage et d'atelier (bois) pendant plusieurs années, sont très intéressantes à observer.

Ces deux fenêtres ont été exécutées à des époques différentes de sa vie. L'une en 1954, elle représente saint Christophe, et l'autre en 1978, un triptyque autour de la figure de Michaël et de son combat avec le dragon, deux grands archétypes de l'homme.

Leur facture est différente bien que le matériau soit le même : des plaques de verre blanc, transparent, incolore. Sur le vitrail de saint Christophe, le personnage central a été traité en relief ; les lignes de contour sont gravées et permettent de dégager le personnage monumental. La surface du verre est attaquée de façon très subtile avec de fines incisions qui permettent de percevoir au premier abord les contours d'ombre et

14. Wilhem von Eiff (1890-1943), allemand, peintre, artiste joaillier et verrier, enseignait à l'École des Arts Appliqués de Stuttgart où l'organisation des enseignements en ateliers (poterie, tissage, verre…) était accompagnée de cours d'art, dans la lignée du « Bauhaus ».

15. « Die Freie Waldorf-Schule Uhlandshöhe » Stuttgart, fondée en 1919, existe toujours.

de lumière. Le travail de gravure permet ensuite de faire apparaître le motif : une image lumineuse transparente où lumière et clarté surgissent, tout en mobilité.

Le triptyque de Michaël a été réalisé une vingtaine d'années plus tard, cette fois sans contours pour dégager un relief. Tout reste sur la surface et est travaillé par rapport et en fonction d'elle. Ce qui apparaît comme des zones claires hachurées sur la photographie ne révèle pas ce qui se passe en réalité lorsque l'on est devant le vitrail lui-même. Le travail de gravure de la surface adoucit la lumière, et les parties qui semblent plus sombres sur la photographie sont en réalité plus transparentes à la lumière et apparaissent lumineuses.

La technique de gravure est extrêmement fine et différenciée. Ce sont des structures de hachures de qualités très variées, exécutées avec des gestes différents. Ces structures laissent plus ou moins passer la lumière et la modifient qualitativement dans des nuances innombrables. Elle peut être plus chaude ou plus froide, plus tendre ou plus dure, plus rayonnante ou plus douce. Tout est travail de lumière. Et selon la lumière au cours de la journée, le vitrail se transforme constamment. Le spectateur participe donc activement à cet « événement de lumière » par son regard.

Ces fenêtres ont été faites pour les locaux d'une école ; elles sont toutes deux placées dans des escaliers où les élèves passent plusieurs fois par jour, sans les regarder consciemment. Mais chaque fois qu'ils passent devant ces vitraux, ils peuvent vivre différentes qualités de lumière. C'est donc, par le canal de la lumière, une transmission très subtile de perception du dialogue entre lumière et obscurité.

Karl Auer, artiste et enseignant, communiquait aux élèves dans ses cours d'arts plastiques et de travaux manuels (atelier de bois[16]) la rigueur et l'exigence du travail juste et bien fait. Il fut aussi, dans la seconde partie de sa vie, professeur de dessin, de modelage et de théorie des couleurs à Stuttgart au séminaire de formation des professeurs à la pédagogie Steiner-Waldorf. Sa force de transmission et sa qualité d'enseignant se caractérisaient par une précision du geste alliée à un savoir-faire et à un sens artistique évidents pour ceux qui étaient en contact proche avec lui[17].

16. Karl Auer était aussi designer. Il réalisa des sièges en bois pour la salle de musique de l'école de Stuttgart et pour des lieux de culte.
17. Karl Auer enseigna les arts plastiques aux ouvriers d'une fabrique de meubles des

Le contexte français des années d'après-guerre de la deuxième moitié du XXe siècle fut aussi le lieu de création de nouveaux modes de transmission.

Éric Arlin est de ces pionniers. Son chemin personnel est emblématique. Sa naissance en 1924 en Lituanie au bord de la mer Baltique entre les deux guerres mondiales, a marqué sa propre destinée et a tracé pour lui un chemin qu'il considère comme difficile. Il raconte aussi avoir désiré ardemment venir en France pour y faire des études artistiques. Et c'est pendant la dernière année de guerre, pour des raisons inconnues, qu'il fut déporté et interné dans un camp, en France, à Giverny ! Lors des corvées à l'extérieur du camp, il constata ceci :

> J'ai découvert dans les maisons de Giverny des peintures figuratives de couleurs vives sur des portes de placards et les murs. J'ai su que Giverny avait été un haut lieu de la peinture d'avant-garde, que les nazis considéraient comme dégénérée[18].

Il s'évada après quelques mois pour rejoindre la région parisienne et enfin Paris.

Éric Arlin avait commencé ses études à l'Académie des Beaux-Arts et des Arts appliqués à Koenigsberg en Allemagne. Après un passage au camp de Drancy, il put, grâce à l'Abbé Glasberg[19] qui lui apporta un bloc de dessin et des pinceaux, perfectionner sa technique de peinture à l'aquarelle pour le dessin d'architecture et l'art du portrait.

Dans le Paris d'après-guerre, la vie n'est pas facile pour les étrangers mais Éric Arlin est fermement décidé à poursuivre son apprentissage de peintre et de dessinateur. Il fréquente alors l'École Colin[20], du nom du célèbre affichiste parisien. Il devient lui-même affichiste et dessinateur publicitaire. Et un jour il fait l'expérience étonnante de voir sur des grands panneaux sa petite maquette d'affichette pour un jus de tomate agrandie quatre fois :

> La première fois surtout, mon œuvre m'assaille littéralement Place Pigalle. Rectangle immense, jaune et rouge vifs avec des accents verts et bleus, qui

environs de Stuttgart, dont le directeur était anthroposophe. Il fut aussi le professeur de l'auteur de cet ouvrage à Stuttgart au séminaire de formation des professeurs.

18. Arlin, Éric, *Pourquoi faire tous pareil ?* Récit autobiographique, Éditions Aethera, Laboissière en Thelle, 2009, p. 51.
19. L'abbé Glasberg, Alsacien, s'occupait à Drancy des étrangers et de leur logement.
20. Paul Colin (1892-1985), dessinateur et affichiste.

> monte jusqu'au troisième étage des immeubles et domine le trafic de la place. C'était un peu comme si une partie de moi-même me tombait dessus...[21].

Les affiches publicitaires (le lettrage plus particulièrement) constituent son gagne-pain. Sa rencontre avec le peintre cubiste André Lothe[22] lui permet d'approfondir sa méthode de travail, mais son désir de faire davantage connaissance avec l'anthroposophie (qu'il avait déjà approchée en Allemagne avant la guerre) va le conforter dans ses aspirations et en même temps le déstabiliser. Il se rend donc à Dornach en Suisse, prend contact avec l'école de peinture de Hilde Boos-Hamburger qu'il fréquente régulièrement. Il regrettera ensuite de ne pas avoir choisi de travailler avec Henni Geck[23] qui aurait souhaité lui transmettre ce qu'elle avait reçu de Steiner.

Le travail d'après les esquisses de Steiner le déconcerte :

> Le travail avec Hilde Boos faisait en quelque sorte dissoudre dans un vague sentiment coloré les possibilités d'un chemin méthodique que j'avais reçu d'André Lothe. Après quelques années de travail avec elle, je me trouvai limité entre l'arbitraire un peu doctrinal et les hasards de jolis effets faciles, sans être conduit vers une créativité d'avenir[24].

Il continuera cependant pendant trente années l'étude des esquisses de Steiner, seul et avec ses collaborateurs, dans le premier centre de pédagogie curative en France qu'il créa au début des années cinquante.

En 1951, il prit la décision de renoncer à une carrière artistique parisienne qui s'annonçait prometteuse pour se consacrer à l'anthroposophie d'une manière concrète en approfondissant la peinture avec le peintre Gérard Wagner et en choisissant une forme de transmission par l'art auprès des enfants handicapés mentaux.

Il quitte Paris pour la région de l'Yonne où il crée en 1954 un institut de pédagogie curative appelé « Les Fontenottes », à Saint-Julien du Sault, qui existe toujours. Dans les années cinquante, il n'y avait pas beaucoup d'organismes dédiés à ces enfants. Ils se développeront plus tard autour des années soixante-dix pour les enfants affectés de troubles psychiques, autistes, trisomiques, épileptiques. Dans cet institut, Éric Arlin développa avec son équipe toute une pédagogie artistique adaptée pour eux.

21. Arlin, Éric, *op. cit.*, p. 77.
22. André Lothe (1885/1962), peintre cubiste et écrivain, théoricien de l'art.
23. Henni Geck ainsi que Hilde Boos-Hamburger ont toutes deux travaillé avec Steiner et fait l'expérience des peintures des coupoles du premier Goethéanum.
24. Arlin, Éric, *op. cit.*, p. 93.

La nécessité pédagogique du contact avec les matériaux : bois, terre, laine, peinture à l'aquarelle mouillée, engendra la création d'ateliers pour ces enfants, animés par un éducateur compétent, qualifié dans sa matière, et artiste thérapeute. Au fil des années furent créés un atelier de bois, de tissage, de peinture ainsi qu'un enseignement général avec des exercices spécifiques. Pendant les trente années où il assura la direction de cet institut, Éric Arlin continua à peindre et à élaborer à Dornach avec Gérard Wagner les exercices pour une peinture thérapeutique adaptée aux enfants déficients mentaux. Ce n'est qu'à l'âge de la retraite, libéré de ses charges éducatives, qu'il reprend son travail personnel de peintre.

C'est alors que les commandes arrivent et que les expositions se succèdent à partir des années quatre-vingt. Son amitié avec le peintre illustrateur Jean-Michel Folon l'aidera à reprendre contact avec le milieu artistique d'alors et sera une source d'encouragement. Grâce à des articles de journaux où il est décrit comme un « peintre pédagogue », les portes de nombreux musées s'ouvrent. Ses thèmes privilégiés sont les grandes figures mythologiques et chrétiennes (les cavaliers, saint Georges, saint Martin), des images de la nature, de l'Ancien et du Nouveau Testament. Il réalise aussi des œuvres de grand format, fresques et mosaïques pour des lieux publics ou des centres thérapeutiques (piscines, salles de soin). Il les décrit comme « peintures architecturales » ou « fresques à vocation sociale ».

L'aquarelle sera tout au long de sa carrière de peintre un moyen privilégié. À propos d'une série d'aquarelles réalisées autour du thème « Endormissement-Sommeil-Réveil », Éric Arlin s'exprime ainsi :

> Le seul motif, c'est la couleur. Le tableau résulte du dynamisme de la couleur. Il n'est pas intellectuellement élaboré. L'essence des lois régissant les couleurs devient comme une manifestation du mystère de l'endormissement et du réveil[25].

En résumé les couleurs-éclat, bleus-rouges-jaunes, introduisent le dynamisme, tandis que les couleurs-images, noir, blanc, vert et fleur de pêcher, sont les éléments générateurs de structures. Les couches de pein-

25 Revue *Triades XXVIII* n°3, Paris, 1981, p. 72-81, article d'Henriette Bideau intitulé « Image ou pensée-image » : « Éric Arlin s'efforce de peindre dans la perspective d'une thérapie consciente, par exemple à l'intention de certains enfants présentant des difficultés de développement particulières, ou pour les fêtes jalonnant la vie de l'institut. Il considère ses tableaux comme des essais pour traduire par une dynamique colorée particulière l'événement en présence, afin de parvenir à créer la forme juste à travers une certaine succession de couleurs ».

ture successives et superposées introduisent l'élément musical. À l'aquarelle, on ne peint pas la lumière mais les ténèbres pour faire apparaître la lumière. C'est une théorie des couleurs initiée par Steiner, repensée et retravaillée par Éric Arlin.

L'aventure de la création de l'Institut de pédagogie curative des Fontenottes fut un long chemin souvent très difficile. Ce fut le premier en France se réclamant de l'anthroposophie, très bien intégré dans son environnement ; il est devenu au fil du temps un lieu social très vivant.

Une attitude et un enseignement

L'art et la thérapie, c'est aussi la vocation de Bernadette Hégu, artiste et thérapeute. Dès l'âge de douze ans, elle fréquente à Paris l'École Steiner de la rue d'Alésia. Déjà initiée à la peinture et au dessin dans sa famille, elle dit avoir vécu là, de façon inconsciente, comme un retournement, une transformation de la capacité de dessiner grâce au vécu de l'espace coloré par la pratique régulière de l'aquarelle mouillée.

Lors d'un entretien oral, elle raconte son itinéraire de jeune adulte vers la pédagogie curative, sa formation auprès du médecin Margarethe Hauschka et de l'artiste peintre thérapeute Liane Collot d'Herbois.

> À l'âge de 19-20 ans, à travers les arts du langage et les arts plastiques, je fis la rencontre d'artistes-enseignants qui maîtrisaient leur art tout en enseignant et en stimulant leurs élèves. Ce furent pour moi des modèles dont les images s'inscrivirent profondément dans mon âme.
> Dans ces lieux de formation pédagogique (Dornach en Suisse et Eckwälden en Allemagne), l'enseignement n'était pas linéaire. Les enseignants avaient pour but de révéler le style de leurs élèves même si celui-ci n'était pas amené à être un artiste. Car le fait d'être dans le processus artistique libère les âmes.
> Je voyageai ensuite aux États-Unis et de retour en France, je fus engagée à l'Institut de pédagogie curative de Chatou (département des Yvelines) pour mettre en place un travail de peinture méthodique avec les enfants et les jeunes adultes handicapés.
> Je reçus aussi des demandes individuelles privées d'amis qui voulaient des cours de peinture. J'avais entre 23 et 24 ans. Je pris conscience de mes limites et je me suis rendu compte que je ne savais rien.
> De retour en Allemagne à Eckwälden pour faire une formation de peinture curative, j'y rencontrai Margarethe Hauschka, personne très éclairée sur le

> plan médical. La question posée était la suivante : qu'est-ce qui dans le plan scolaire Steiner-Waldorf relève d'un processus thérapeutique ?
> L'objet de cette formation fut de discerner et de reconnaître les forces de prévention de cette pédagogie, les forces d'harmonisation (de beauté) aussi pour aider l'enfant à se construire tout au long de sa vie et à se trouver lui-même. Le tout accompagné d'exercices pratiques de peinture, modelage et de stages[26].

Le point central de son action reste une approche, une démarche pédagogique artistique soutenue par son travail personnel de peintre.

De retour en France en 1976, Bernadette Hégu se trouve engagée dans trois chantiers importants à Chatou (banlieue ouest de Paris) : enfants handicapés à l'Institut de pédagogie curative, adolescents de l'école Perceval et adultes du séminaire de formation pédagogique.

Son souci majeur de pédagogue était de faire vivre de vrais processus à tous ses divers élèves pour que leurs expériences les amènent à se poser des questions.

Avec les adultes : ne pas imposer mais ouvrir à une réciprocité du questionnement, créer des exercices, faire des ponts entre les éléments pour ne pas figer les processus, mettre en mouvement et rendre la pensée active.

Avec les enfants handicapés : un travail dans les classes, avec les professeurs, et des thérapies individuelles avec une équipe de médecins, psychiatres et eurythmistes.

Avec les adolescents : la première question est de savoir comment l'enseignant se situe face à l'adolescent. Les élèves ne sont pas les mêmes à 15, 16, 17 ou 18 ans. Peinture, décors de théâtre, affiches, petits et grands formats..., le but de tous ces exercices était de leur donner les éléments fondamentaux du processus artistique.

La dynamique de l'enseignant rejoint ici celle de l'artiste qu'il ne doit jamais cesser d'être :

> Je devais être attentive aux processus de l'enfant, être à l'écoute du rythme du jeune et accueillir les images qu'il portait en lui pour arriver au style ! Chaque travail était complètement individuel. Je devais nourrir les processus permettant à l'élève de se sentir créer. Il doit y avoir un résultat en pédago-

26. Extraits d'entretien tenu pendant la recherche préliminaire à la rédaction de notre thèse de doctorat.

> gie, une belle image jusqu'à la mise en forme de la composition. Mais, en thérapie, ce qui importe c'est le processus. Je continuais en même temps mon propre travail personnel artistique de création et la mise en forme de mes images.

La rencontre de l'artiste peintre thérapeute hollandaise Liane Collot d'Herbois, qui propose une formation complémentaire à des thérapeutes actifs avec des patients, est pour elle déterminante. Elle conseille très fortement aux participants de ces séminaires de continuer à travailler leur art et de développer leur style. Dans son enseignement, elle reprend à la lettre les processus goethéens, la théorie des couleurs de Goethe, et privilégie l'observation de l'intervalle entre lumière et obscurité ainsi que les phénomènes d'apparition des couleurs.

> Ce fut pour moi une source de renouveau de mon travail et de l'art en général. Son enseignement était très inspiré, dans le sens où il reliait l'homme céleste à l'homme terrestre, la science et l'art, des mondes qui s'appartiennent entre eux.
> Ce n'était pas la transmission d'un savoir mais plutôt pouvoir éprouver et connaître par soi-même. La rencontre avec cette personne m'a ouvert des voies. La force et la qualité du travail réalisé avec elle fait que je ne me sens pas seule. Je peux continuer ma recherche, mon travail là où je suis.

Une façon d'être au monde

Après une longue expérience, cette artiste thérapeute décrit avec précision son cheminement :

> La peinture m'a choisie et je l'ai de nouveau choisie. L'artiste qui enseigne à des élèves leur donne la force, l'adaptabilité, la mobilité... L'aide se situe à ce niveau-là.
> L'artiste contemporain est de plus en plus investi dans la vie sociale en tant que pédagogue ou thérapeute. La maîtrise de son art, les processus de création sont ainsi transmis pour un plus large éventail de personnes, suscitant ainsi la création de chacun. L'enseignant, le thérapeute, l'artiste sont des médiateurs. Car le plus important ce n'est pas d'être un artiste mais d'être un artiste de sa propre vie, d'aller vers son humanité.
> Le travail artistique permet une verticalité, ce n'est qu'un moyen ; il articule les processus et l'artiste les met en lumière.
> En thérapie, les arts servent à mettre la personne en relation et au renouveau de sa propre histoire. La maladie est venue la questionner et faire un obstacle.
> L'artiste est un médiateur par rapport au processus créateur de sa propre vie.

> Et si je ne peins plus, suis-je encore un artiste ?
> Beaucoup d'artistes ont plusieurs supports, plusieurs médiums. Mais où se situe réellement la création ? Car dans la rencontre avec les autres, il y a aussi création au sens de Josef Beuys.
> Je suis moi-même touchée par des thèmes qui nourrissent mon âme et les âmes ; par exemple, Marie-Madeleine ou les Vierges sages et les Vierges folles. Je cultive ces thèmes par la pensée, par la peinture et j'essaie de m'étonner moi-même. Je continue à peindre et à travailler. Je nourris ce monde d'images plus largement que ce qui est sur ma toile.
> Pendant ma maladie à l'hôpital, j'ai commencé un petit carnet de peintre qui est maintenant publié[27]. Je me suis demandé : qu'est ce que chaque couleur est pour moi ? Et comment je la nomme.

Cet entretien montre l'engagement d'une artiste qui a choisi de mettre son travail au service de la société et de ses besoins humains. C'est un choix de transmission.

D'autres artistes en France s'occupent de formations artistiques thérapeutiques[28] d'après les indications de Margarethe Hauschka et Liane Collot d'Herbois.

C'est le cas d'Élisabeth Reiter, qui a développé son art à partir d'un travail avec Sophie Linde au Goethéanum d'après les esquisses pour les peintres de Steiner, et des années de travail et d'investigation en Hollande avec Liane Collot d'Herbois. Elle recherche avec rigueur une objectivité de la couleur et étudie les conférences de Steiner sur la lumière, les ténèbres et la couleur et en particulier celle intitulée « La Lumière et les Ténèbres, deux entités cosmiques »[29]. Lorsque la pensée lumineuse et le chaos des profondeurs se rencontrent, surgit la couleur. De cette union douce ou violente, chaude ou froide, claire ou ombrageuse, naissent les couleurs de l'âme. Élisabeth Reiter pratique plus particulièrement une technique à l'aquarelle par glacis de couleurs superposées sur papier et sur différents formats. Elle anime aussi des groupes de travail en France et à l'étranger.

27. Hégu, Bernadette, Évocation du carnet du peintre, et *La progression de la peinture et du dessin dans les écoles Steiner-Waldorf*, Éditions de la Fédération des Écoles Steiner-Waldorf en France, Paris, 2007.
28. Michèle Belliard-Staïkovsky, « Soigner par l'Art. La peinture thérapeutique », *Revue Weleda* n°87.
29. Steiner, Rudolf, *Nature des couleurs*, *op.cit*, p. 108.

Sa rencontre avec Beuys se place au moment de la découverte de l'intervalle lorsque l'on observe par exemple deux œuvres côte à côte avec la question : que se passe-t-il dans l'entre-deux ? C'est ce que décrit aussi Beuys après avoir observé les deux esquisses au pastel de Steiner, lever et coucher de soleil, qui lui inspireront une œuvre intitulée *safg-saug, Lever et Coucher de soleil*, réalisée en bronze entre 1953 et 1958. Les polarités contraction-expansion, chaud-froid, organique-cristallin suscitent la dynamique de l'intervalle et de la possibilité de découverte ou de création de quelque chose de nouveau. C'est le geste qui donne sens à son travail.

Le point commun de ces artistes est le travail plastique à partir des lois de la lumière, des ténèbres et de la couleur. Ce travail et cette recherche faits en toute conscience prennent en compte, avec des nuances diverses, des besoins pédagogiques, thérapeutiques et sociaux contemporains. Les artistes thérapeutes qui viennent d'être cités travaillent en créant une relation personnelle et nouvelle avec les indications données par Steiner et ses successeurs, Margarethe Hauschka, Liane Collot d'Herbois et Beuys.

La forme thérapeutique de la transmission présuppose une relation individuelle avec le patient et un dialogue suivi avec son médecin. L'artiste thérapeute met son art et sa pratique artistique personnelle au service de son patient avec pour objectif de lui tenir la main, de l'aider à franchir des étapes pour suivre et trouver son propre chemin en fonction de son handicap.

L'art accessible

L'art et la culture accessibles et démocratisés

Actuellement, la question de la transmission préoccupe les enseignants, les parents, et les adultes en général. Transmettre est devenu un problème et une question vitale pour la société. Notre projet de départ était de montrer que l'art est un moyen de transmission, d'apprentissage et de construction personnelle qui s'inscrit dans un projet culturel plus global. La voie de la transmission par la création artistique a été expérimentée par Rudolf Steiner et d'autres artistes au début du XXe siècle. Notre choix a donc été de nous placer dans une dynamique historique inhérente au sujet qui se situe entre les débuts du XXe et du XXIe siècle, les débuts, les fins et les changements de siècle montrant souvent des secousses profondes et des impulsions nouvelles.

Entre le XIXe et le XXe siècle, les processus et modes éducatifs ont beaucoup changé. Les congrégations religieuses qui avaient pris en main l'éducation de groupes d'enfants se sont trouvées relayées par des impulsions profondes pour une éducation plus démocratique et laïque. Ce souci éducatif prit diverses formes. On peut évoquer plusieurs grandes figures de l'éducation comme Pestalozzi, Célestin Freinet ou Maria Montessori, qui ont mis chaque fois de manière personnelle et originale la transmission au centre de leur projet pédagogique.

Le XXe siècle est aussi le siècle des pédagogies nouvelles où l'institution éducative est remise en question, prônant l'imagination au pouvoir (mai 1968) et le refus d'un mode archaïque d'apprentissage. Or placer l'art au cœur de la démarche pédagogique fut le motif principal de Steiner au début du XXe siècle. Il fut relayé quelques années plus tard par Beuys qui plaçait l'art au centre de la pédagogie et le principe artistique comme point de départ de toute action pédagogique.

Au XXe siècle donc, des artistes ont pris en compte une mission pédagogique active de transmission qui les concernait. Mais quels sont les besoins d'avenir, et l'art peut-il devenir un « ferment spirituel » puissant de civilisation comme l'écrivait Kandinsky au tout début du siècle ?

L'homme du XXe siècle s'est trouvé confronté à des doutes profonds devant les bouleversements provoqués par les deux guerres mondiales, la surconsommation et la catastrophe écologique. L'artiste a dû revisiter toutes les grandes lois de la perspective, du volume, de la couleur pour pouvoir être à la hauteur de son vécu personnel et de son ambition artistique. Il a inventé de nouveaux moyens d'expression et imposé le statut d'œuvre d'art aux objets industriels, aux déchets, à la publicité et aux images. Les héros de cette épopée comme Marcel Duchamp, Georges Grotz, Chaïm Soutine, Otto Dix, Max Beckmann, Zoran Music, Andy Warhol, Erro, Basquiat, Arman, Brancusi ou Giacometti, se sont confrontés de manière souvent très violente à la production de l'œuvre et à la condition de l'artiste.

Devant des situations souvent tragiques et des événements sociaux nouveaux et inattendus, ils se sont attelés à une tâche de grande envergure. Ils ont dû, pour nombre d'entre eux, quitter ponctuellement leur atelier et aller à la rencontre des besoins sociaux, seuls ou en s'associant avec d'autres. Et leurs œuvres sont marquées de l'empreinte de ce siècle bouleversé par de grands conflits. Les questions de transmission et de pédagogie se sont alors posées de façon toute nouvelle.

Elles sont encore au centre des débats pédagogiques et philosophiques aujourd'hui comme elles l'ont été à d'autres époques, depuis l'Antiquité grecque au temps de la fondation de l'Académie platonicienne. Platon fut lui-même précepteur d'un jeune prince à Syracuse avant d'être responsable de son Académie à Athènes. Et la condition pour y étudier était de connaître la géométrie. Les mathématiques y étaient enseignées ainsi que la musique ; on pratiquait aussi abondamment l'art du dialogue et de la conversation, de la dialectique et du discours, et la gymnastique. On sait qu'il régnait dans cet endroit clair et ombragé une atmosphère très studieuse, agréable et conviviale, dont les colonies d'artistes et les îlots de culture déjà évoqués présenteraient peut-être une image moderne. L'Académie platonicienne baignait dans une ambiance sereine.

Peut-on dire pour autant que l'art, au sens où nous l'entendons aujourd'hui (le mot grec « technè » englobe à la fois les savoirs, les techniques et l'ensemble des arts) était au centre des études à l'Académie platonicienne ? La compréhension profonde de l'idée du Beau, associée à celle du Bien et du Vrai, tenait une place très importante dans la formation des jeunes étudiants.

Lors de la fondation de l'École Waldorf de Stuttgart en 1919, Steiner plaça ces trois concepts au centre de la démarche pédagogique. Le Bien était lié aux valeurs morales des adultes, parents et éducateurs qui entouraient le petit enfant pour l'aider à grandir. Le Beau avait pour tâche d'emplir l'âme et les yeux de l'enfant entre 7 et 14 ans pour lui permettre une rencontre avec le monde et les autres afin de le préparer à un dialogue fructueux avec le Vrai à l'adolescence. Ces trois concepts portés par les éducateurs, sont des voies de transmission entre les enseignants et les élèves et font appel aux lois fondamentales et incontournables du développement de la Nature humaine[1].

Mais pour un enfant, un adolescent ou plus généralement un adulte contemporain, que signifie la beauté ? Le beau est-il lié à l'art, au sacré, au bien et au vrai ?

Le concept du Beau contient en lui-même celui du Laid de même que le bien, le mal et le vrai, le faux. Ces dualités se rejoignent pour créer un troisième élément qui sublime en quelque sorte les deux autres. On sait, par exemple, que la laideur physique d'un visage peut être sublimée par l'expression d'une vie intérieure intense. Le bien et le mal peuvent se révéler aussi très proches, tandis que le vrai et le faux sont plus radicalement séparés.

L'artiste contemporain a acquis, au fil des siècles, la liberté de produire à la fois beau et laid. Et le XXe siècle a déployé des trésors d'ingéniosité, de savoir-faire et de créativité pour renverser les canons classiques de la beauté et mettre en déséquilibre les institutions muséales, garantes de l'art véritable. Deux grandes expositions ont marqué ce début du XXe siècle en France. L'exposition « La Beauté en Avignon » en 2000 et l'exposition « Traces du sacré » à Paris en 2008 montra ensuite comment

1. Steiner, Rudolf, *Nature humaine,* cycle de 15 conférences données par Steiner aux douze futurs professeurs de l'École Waldorf en août-septembre 1919 à Stuttgart, Triades, Paris, 2002.

les artistes avaient secoué et quelquefois malmené les grands symboles de notre civilisation, pour retrouver à la fois le sens et l'essence du beau à travers le sacré.

La beauté qui s'était échappée pendant plusieurs décennies, était rattrapée et redécouverte de la façon la plus inattendue. Elle était de nouveau nommée et reconnue dans les endroits les plus insolites : à travers la chair translucide de petites méduses éclairées nageant dans un grand aquarium, sur les murs d'une des salles du Palais des papes tapissée des petits matelas odorants de feuilles de laurier de Giuseppe Penone, devant une sculpture de Lehmbruck représentant un homme accablé, à quatre pattes, ou une performance filmée de Marina Abramovic. La beauté prenait de l'ampleur, élargissait son champ d'action jusqu'à permettre de parler d'une belle laideur. Elle avait acquis de la profondeur et de l'épaisseur.

Platon installe la beauté dans le monde des idées, de l'universel et du concept. Il ne parle pas d'un beau corporel, mais d'un beau immortel. Ce beau n'est pas fait de chair humaine mais est d'essence divine. C'est une vision qui s'est incarnée concrètement dans la statuaire grecque, qui représente à travers les dieux comme le Poseidon (Zeus) du musée d'Athènes, l'Aurige de Delphes, la Vénus de Milo, la Victoire de Samothrace ou l'Hermès de Praxitèle, une beauté liée à l'idée d'équilibre et d'harmonie mathématique entre le tout et les parties. Cette beauté terrestre contient donc une beauté divine qu'elle rejoint par l'intermédiaire de la matière, pierre, glaise ou pigments divers travaillés par l'artiste.

Le beau nous permet d'accéder au divin et au sacré, écrit François Cheng[2], et c'est éminemment pédagogique, car cette dimension universelle du beau est indispensable à la construction intérieure d'un être humain. Elle permet une rencontre avec le monde qui nous entoure et aussi avec l'autre. Le contact avec l'art développe l'émotion artistique, il enrichit donc l'émotion humaine, renforce le sens moral et permet d'améliorer le sens de l'autre.

Ce chemin passe par la rencontre d'œuvres d'art authentiques créées par des artistes anciens et contemporains dans les musées ou dans la nature, par la visite d'ateliers où la création est à l'œuvre et par une pratique artisanale-artistique personnelle et en groupe permettant de se confronter à ses propres productions et à celles des autres.

2. Cheng, François, *Cinq méditations sur la beauté*, Éditions Albin Michel, Paris, 2006, p. 34.

C'est un chemin d'apprentissage qui ouvre des perspectives dans tous les domaines de la connaissance. Le champ culturel s'élargit alors et la question du beau y trouve tout naturellement sa place.

Une question de transmission : dialogue avec des artistes contemporains

De nombreux artistes contemporains sont allés à la rencontre du public, enfants, adolescents, adultes, avec des expositions, des performances, des installations.

Les rencontres organisées ou fortuites avec des artistes contemporains conduisent souvent à s'interroger sur l'idée de la transmission. Ceux que j'ai pu côtoyer de près ou de loin par des entretiens et des visites dans leurs lieux de travail n'ont pas tous une activité pédagogique suivie, mais ce questionnement est toujours présent dans leur activité d'artistes plasticiens. Il passe non seulement par le thème de la transmission mais aussi par celui de la mémoire qui vient s'ajouter à la transmission, de la mémoire transformée, transfigurée vers quelque chose de nouveau.

La démarche de ces artistes va donner lieu à une étude guidée par ces deux thèmes.

Abraham Pincas en donne, à sa manière, une interprétation : « Le terme de tradition est compris comme une transmission des concepts qui régissent l'esprit et la matière et permettent l'innovation ». La tradition fait appel à la mémoire, elle est donc liée à la transmission pour donner forme à quelque chose de nouveau. La transmission contient en elle-même à la fois la tradition et la mémoire et le besoin d'innovation et de création.

L'art de la question

Abraham Pincas fait partie des artistes transmetteurs. Professeur à l'École Nationale Supérieure des Beaux-Arts de Paris depuis 1985 où il a été d'abord élève lui-même et assistant, il dirige actuellement l'Atelier des Techniques de la Peinture.

La visite de l'atelier de Pincas aux Beaux-Arts permet de ressentir l'ambiance dans laquelle se passe le cours : une trentaine d'étudiants de nationalités très différentes, debout ou assis sur tables, chaises et tabourets, s'entretiennent avec leur professeur sur la question d'une absence massive de leur part lors de la dernière séance avec modèle vivant : comment réparer cet acte d'incivilité et s'excuser auprès du modèle ?

Ce cours commence par une question d'art de vivre et continue par l'évaluation commune de travaux d'étudiants et la sollicitation toujours renouvelée du professeur au questionnement : « Avez-vous des questions ? »

Cette sollicitation ouvre le dialogue, l'esprit et la volonté, car même si la question posée ne reçoit pas de réponse, elle déclenche une démarche personnelle active, et c'est le but recherché. Pincas semble cultiver l'art de la question avec ses étudiants dans une ambiance chaleureuse de rencontre entre eux et avec la matière picturale.

Dans cet atelier, l'enseignement est fondé sur des apprentissages techniques rigoureux : fabrication des outils (aquarelles, pastels, huiles, émulsions et médiums) et redécouverte, par exemple, de la technique mixte de peinture maintenant oubliée, pratiquée par Vermeer et Van Eyck.

Pincas est fidèle à une méthode d'étude pour lui et pour ses élèves : ne pas séparer les principes de l'esprit et les lois de la matière, ce qui a pour conséquence et nécessité que l'art et la science échangent leurs expériences.

Il s'agit donc pour l'artiste peintre de comprendre les fonctions multiples de la peinture en abordant le principe du processus créatif de lumière, forme et matière.

C'est aussi pour lui une manière de transmission que d'écrire et montrer son propre travail d'artiste pour que l'expérience qu'il transmet devienne autonome de l'homme qu'il est et témoigne de la vie comme d'un art.

Transmettre signifie simplifier, atteindre au plus simple.

Transmettre signifie également donner.

Ces deux aphorismes semblent bien résumer la nature de son engagement dans la transmission.

Je serai le passeur

L'artiste Sarkis (né en 1938) présente une autre approche de la transmission.

Il revendique clairement par ses actions et ses paroles le titre de transmetteur et même de « passeur » à propos d'une exposition emblématique faite au Musée d'Art contemporain de Bordeaux en 2000.

Ses références personnelles sont aussi très présentes : Uccello et la célèbre « Bataille de San Lorenzo », Grünewald et le « Retable » de Colmar, Munch et « Le Cri », et enfin Beuys, un ami qu'il contribua à faire connaître en France en 1969 par cette question écrite sur un papier d'emballage de cinquante sur soixante affiché dans une exposition à Paris, à la place de l'une de ses œuvres : « Connaissez-vous Joseph Beuys ? »[3].

L'entretien commence autour d'une grande table en bois. Le visiteur est accueilli dans l'atelier avec une tasse de thé ; l'artiste, un crayon et un bloc à la main, jalonne son propos de croquis qui représentent tous les espaces créés pour ses expositions passées et à venir.

La conversation se centre plus particulièrement sur l'exposition du Musée d'Art contemporain de Bordeaux, où Sarkis fut présent pendant les trente-trois jours de l'exposition.

> Je serai le passeur. [...] Je veux accompagner mon exposition du début jusqu'au dernier jour et ne pas l'abandonner comme j'ai pu le faire à Bonn en 1995.

L'espace était organisé avec dix-sept scènes recouvertes de tapis du monde entier et des moniteurs projetant films et diapositives, créant ainsi un espace de parole et d'échanges avec le public, cela pour l'après-midi ; et le matin :

> J'ai décidé de monter une école dont je serai l'unique professeur. Je construis un petit espace où je recevrai les jeunes, sans sélection. Je prends les trente-trois premiers inscrits. L'école est un espace de discussion pour leur travail.

Sarkis exprime clairement sa volonté de ne pas séparer sa création artistique et son travail d'enseignement. Le concept d'exposition-école le conduit à rompre les murs entre le musée et l'école et plus largement à ouvrir les espaces de culture comme les musées pour en faire des lieux d'échanges et de communication.

Deux autres manifestations en sont la preuve. Celle de Colmar-Sélestat, en Alsace, en 2007, « Au commencement le toucher », et celle de Rennes en 2009, « Ekphrasis ».

Autour du « Retable » de Grünewald au musée Unterlinden, Sarkis avait conçu une approche artistique personnelle consacrée plus spécialement à la crucifixion et au toucher des plaies du Christ sur une reproduc-

3. *In* : texte de Sarkis « Un jour », Catalogue *Joseph Beuys, op. cit.*, p. 307-309.

tion avec son index enduit d'aquarelle jaune. Il exposait aussi des études à l'aquarelle de cette œuvre faites plusieurs années auparavant.

Son intervention au Frac de Sélestat était pédagogique et concernait toute la population. Les adultes pouvaient venir apposer leur index, auparavant trempé dans l'aquarelle jaune, sur les grandes baies vitrées de la salle d'exposition, et les enfants étaient initiés à la technique de l'aquarelle dans l'eau.

Plus récemment à Rennes, dans la Galerie Art & Essai, un dispositif pédagogique différent était mis en place avec la collaboration des étudiants en Master 2 « Métiers et arts de l'exposition ». Le corps de l'exposition « Ekphrasis »[4] présentait quarante-huit projets d'espaces aquarellés et des photographies d'installations d'expositions de Sarkis. L'espace était plongé dans une obscurité éclairée par des ampoules et des néons verts et rouges.

Toute l'installation visait à instaurer un dialogue avec le visiteur pour le relier de façon plus claire et consciente à l'espace dans lequel il vit et qui l'environne. Les étudiants servaient de déclencheurs de parole et de guides d'exposition pour les adultes et les enfants avec différentes accroches : l'espace d'exposition, l'œuvre et l'artiste, la présentation d'un projet...

Sarkis fut aussi directeur du séminaire en Arts Plastiques à l'Institut des Hautes Études intitulé « Quand les artistes font école », vingt-quatre journées entre 1988 et 1992. Ces journées de séminaire réunissaient des artistes contemporains qui dialoguaient et échangeaient à propos de l'art, de la création, de l'artiste et de son impact dans la vie culturelle et sociale. Ces entretiens ont eu lieu entre différents artistes dont Buren, Filliou, Broodthaers, Messager, Christo, Tinguely ; leur contenu fait vraiment « école ». Ils ont été rassemblés dans deux volumes. La lecture de ces échanges montre comment la démarche des artistes se fait pédagogie pour aller à la rencontre du public.

Sarkis utilise des moyens plastiques très variés. Mais on peut remarquer aussi que l'aquarelle reste un de ses moyens d'expression graphique privilégiés. Il en donne lui-même l'explication. Ce matériau est très favorable à une expression rapide et spontanée : « Quand les images commencent à sortir, c'est sous forme d'aquarelles ».

4. Le mot « Ekphrasis » signifie la description d'une œuvre qui tend à créer des images mentales dans l'esprit de l'auditeur.

Sarkis réalisa aussi un film[5] où la main, l'eau et le pigment d'aquarelle sont les héros de la création mouvante d'une dilution active pour attraper ce que l'instant veut nous montrer, le moment de la naissance : « Ce qui m'intéresse, dit-il, c'est le début des choses »[6].

Transmettre pour Sarkis, c'est accompagner, guider. C'est une activité artistique qui se situe entre le devoir de mémoire et la recherche de l'origine ou des origines.

Si l'atelier de Pincas est à la fois dans une salle de l'École des Beaux-Arts avec ses étudiants et dans un endroit plus isolé pour son travail de création personnelle, l'atelier de Sarkis commence à exister là où il est présent, entre l'ancienne usine d'imprimerie devenue réserve de mémoire, sa propre chambre et les différents lieux d'exposition où il crée ses écoles.

Transmettre une recherche de la vérité

Avec Gérard Garouste, la transmission par l'art prend une tournure différente. C'est sa carrière de peintre qui vient d'abord au premier plan. Il développe dans son œuvre toute une mythologie personnelle qui l'engage dans des représentations fantastiques nourries par un travail de lecture des grandes épopées de l'humanité, *Don Quichotte* de Cervantès, la *Bible* et la Kabbale, les textes de Rabelais, la *Divine Comédie* de Dante…

Il revisite tous ces grands textes en allant à leur rencontre de façon approfondie puisqu'il étudie même l'hébreu pour trouver la source des écrits religieux.

Inscrit dans sa jeunesse aux Beaux-Arts de Paris comme étudiant, il entre en contact avec le monde de la culture artistique des années soixante-dix. La question qui se posait alors était : peut-on encore créer après Marcel Duchamp et ses « ready-made » ? est-il possible de faire encore de la peinture figurative ou faut-il tout jeter à la poubelle ?

C'est une question biographique et existentielle pour lui. Garouste dessinait depuis sa petite enfance. Il va alors se plonger dans l'histoire des arts et de la peinture en particulier et faire connaissance avec ses contemporains

5. Sarkis réalisa le tournage de « Vingt-cinq courts films » en vidéo en 1997-98 alors qu'il était résident à l'atelier Calder à Saché.
6. Toutes les citations sont extraites d'un entretien d'Érik Bullot avec Sarkis intitulé « Kiosque pour Sarkis », Capc Bordeaux, Éditions du Regard, Sarkis, 20/01/2000-09/04/2000.

artistes et professeurs de l'École des Beaux-Arts comme Buren, Boltanski, Kosuth… dans l'espoir de trouver des réponses à ses interrogations existentielles.

Comment associer son souci d'approfondissement de la tradition culturelle héritée de son éducation avec une forte volonté d'être actif, efficace et productif ?

Comment relier la grande mémoire collective avec sa propre mémoire pour la féconder et la rendre efficiente ?

Comment faire en sorte que l'expérience du passé puisse être au service du présent et de l'avenir ?

Ces trois questions demeurent jusqu'à aujourd'hui les moteurs de toute son activité d'artiste et de passeur-transmetteur qu'il revendique.

Les « performances » théâtrales de Garouste s'avèrent les présupposés d'une autre initiative sociale et éducative. Sensibilisé, par sa propre biographie, à l'enfance en détresse, il crée en 1991 les ateliers de « La Source » avec un groupe d'amis en Normandie. Cette association a pour but de faciliter à des enfants et des adolescents l'accès à l'art et à la pratique artistique dans des ateliers conduits par des artistes. Ces projets sont élaborés et réalisés en commun sur une durée de temps limitée et aboutissent à des réalisations concrètes variées qui sont présentées ou expérimentées avec un public. C'est l'art qui ouvre les frontières et les barrages engendrés par l'éducation :

> La question de la transmission de la connaissance représente pour moi le point crucial. Enfant, j'ai été élevé dans le mensonge familial et l'hypocrisie de la religion. Cette grande duperie que fut mon éducation est aujourd'hui un moteur. Je lui dois mon obsession pour le démontage des images comme des mots, et mon intérêt pour l'idée d'origine. Même si l'origine est une utopie. Reste la recherche de la vérité.

Guérir de son éducation constitue souvent tout un programme de vie où la pratique artistique peut tenir une très grande place.

Transmettre par imprégnation

Udo Zembok se situe aux confins de la lumière et de l'obscurité. Il gère, occupe et habite des espaces — de lumière — avec la couleur. Il ne s'agit plus de vitraux à proprement parler, mais de surfaces colorées de transition entre le dedans et le dehors, entre l'intérieur et l'extérieur.

Après une formation de plasticien dans deux Écoles des Beaux-Arts en Allemagne, il va à Bonn, à la « Alanus Hochschule » où il étudie la peinture et plus particulièrement la technique des glacis d'après les esquisses de Steiner. Mais sa vocation n'est pas d'être peintre, même si la couleur l'intéresse au plus haut point. Ses artistes de référence sont le peintre Mark Rothko et ses « champs colorés » et James Turrel qui expérimente dans l'espace l'action conjuguée de la lumière et de la couleur. Il trouve aussi que la peinture sur toile ou sur papier renvoie une illusion dont il ne veut pas. La lumière y est simplement réfléchie.

Il choisit et adopte alors le medium du verre coloré :

> J'élabore la troisième dimension de la couleur non comme un sculpteur, mais comme un peintre. Mon champ de recherche reste la couleur, l'expressivité de la couleur comme sujet et non plus comme attribut[7].

Son champ d'action s'élargit ; il aime travailler dans les espaces de rencontre pour donner à percevoir la couleur. Les commandes architecturales le conduisent à de nombreuses recherches avec des architectes : imprégnation par le lieu, réflexions esthétiques, techniques, philosophiques et culturelles.

Les espaces où il intègre ses parois monumentales monochromes sont très variés. À titre d'exemple : le Centre médico-pédagogique de Saint-Prex en Suisse, l'Auditoire Calvin à Genève, la Polyclinique Saint-Odilon à Moulins dans l'Allier, le parking de la cathédrale de Troyes et, dans la crypte romane de la cathédrale de Chartres, des rideaux lumineux pour marquer la place du baptistère disparu.

Avec la maturité et la maturation de ses techniques, le caractère pédagogique de son travail trouve vraiment son épanouissement. Par la fusion de la matière et des colorations et les qualités optiques réalisées, « le spectateur devient actif, invité à entrer dans les vibrations subtiles du monde universel de la lumière et des couleurs qui favorisent l'introspection, la prière, la méditation »[8]. C'est une transmission indirecte mais moderne, par imprégnation. Le passage entre le monde intérieur et le monde extérieur est ouvert et dynamisé par la couleur.

La couleur clarifiée ou obscurcie dans les espaces publics ou semi-publics ouvre potentiellement à chacun un champ d'expérience perceptif.

7. Entretien réalisé en 2003 par le Magazine des *Métiers d'Art* lors de la remise du prix national Sema de la création contemporaine.
8. Udo Zembok, *Les espaces de la lumière*, Centre international du vitrail, Chartres, 2008.

Transmettre, c'est éveiller

Si Udo Zembok se dit « plasticien verrier », Henri Guérin se définit comme « peintre verrier ».

Il doit sa formation à une rencontre déterminante pour son avenir, celle d'un maître verrier, le moine bénédictin Dom Ephrem Socard de l'abbaye d'En-Calcat dans le Tarn, qui lui enseigna la technique du vitrail en dalle de verre.

C'est dans son atelier personnel, qu'il appelle sa cellule d'artiste, qu'il réalise en solitaire tous ses travaux et toutes ses commandes[9]. Il taille des dalles de verre coloré et épais à l'aide d'une massette appelée marteline, avant d'intégrer les fragments réalisés dans une résille de ciment. Avec l'expérience, il travaille à l'oreille et au son, qui lui dictent si son « frappé » a été juste ou non. C'est un travail très physique : tous les sens sont mis en action, l'ouïe, la vue, le toucher, à un degré moindre le goût et l'odorat, mais aussi le sens de l'équilibre et de la composition dans les différentes étapes de la réalisation du vitrail.

Henri Guérin se décrit comme un manuel : « Je suis un peintre qui a voué sa vie à la lumière par le verre. J'aime les métiers, j'ai besoin du travail des mains pour dominer le matériau, maîtriser une technique ». Il évoque aussi un peu plus loin la patience de la main[10] qui est pour lui une découverte tout au long de son travail de peintre verrier, et qui devient un *leitmotiv* de transmission et de culture.

> La patience de la main enfante l'esprit, l'œuvre naît en grande part du respect des contraintes, l'exigence les appelle. Je crois que la liberté créatrice s'aiguise par les limites du matériau.

Son expérience personnelle du travail manuel dans un but de création artistique l'engage vers une réflexion pédagogique qui le conduit à écrire en 1976 une lettre au secrétaire d'État au travail manuel, Lionel Stoleru, dont quelques lignes pourront enrichir notre propos sur la transmission par l'art :

9. Après plus de cinquante ans de carrière, l'énoncé de ses créations est très long : 50 réalisations, principalement dans des édifices religieux mais aussi publics. Voir la liste dans Henri Guérin, *De lumière et d'ombre*, Éditions la Revue de la céramique et du verre, 2009, et l'exposition à l'Orangerie du Sénat -Jardin du Luxembourg, « Lumière d'été », août 2009.
10. Guérin, Henri, *Patience de la main*, Les Éditions du Cerf, Paris, 1996.

> La culture, c'est ce que l'on apprend soi-même par besoin, désir et goût, ce qui devient naturel à sa nature, ce qui développe les sens, produit les vrais contacts, construit et anime une société.

Ainsi tout est lié : une pratique artistique et manuelle intégrée dans le cursus scolaire éduque la main mais aussi la pensée, l'idée ; elle provoque des rencontres humaines qui ouvrent la curiosité de la connaissance des savoirs, mais « la transmission se fait par un maître, celui qu'on admire, qu'on respecte ».

En conséquence de quoi, il revendique pour les enfants et les adolescents une pratique de l'art et des métiers d'expression dans le cadre d'une véritable éducation humaine avec des hommes épanouis par leur métier, des « éveilleurs » pour un accès libre à la vraie culture populaire.

Transmettre, c'est établir des ponts

Bang Hai Ja est aussi une artiste de la lumière. Coréenne, elle vit en France depuis 1961. Elle a inscrit la transmission au centre de son travail d'artiste peintre et de calligraphe.

Après huit années en Corée, Bang Hai Ja revient en France et travaille avec Cyril Dive à l'École de masque pour apprendre cette technique. C'est alors que les étudiants et le maître lui demandent de leur donner des cours de calligraphie.

Son grand-père maternel et sa mère étaient eux-mêmes calligraphes. Elle accepte et commence à enseigner : « Toute l'École de masque est venue dans mon atelier pour apprendre la calligraphie ».

Ensuite les demandes de cours de calligraphie sont plus nombreuses et Bang Hai Ja va par ses cours, ses conférences et ses expositions personnelles, transmettre son art.

En 1998, le Centre Culturel Coréen de Paris ouvre un atelier de calligraphie où elle enseigne jusqu'en 2007.

Les stages de calligraphie, de lavis à l'encre de Chine, continuent en France et à l'étranger. Dans son enseignement, elle introduit le « QI gong » pour lier tout le corps au geste de la main du calligraphe :

> Écrire dans l'espace avec le corps : l'espace est le papier et le corps, le pinceau. Je sens comme une mission de transmettre tout ce que j'ai acquis et reçu dans ma vie en faisant travailler le corps avec le cœur.

> De même, travailler avec des poètes pour illustrer leurs textes, c'est aussi une manière de transmettre, comme dans le livre de poèmes *Une joie secrète* avec Charles Juliet[11].

À la question de l'influence de son enseignement sur ses peintures, Bang Hai Ja répond : « Tout est lié. La vie est une, l'enseignement et la création aussi ».

Puis, elle ajoute :

> Quand je donne des cours de calligraphie des caractères chinois et de l'écriture proprement coréenne « hangul », je suis fascinée aussi de voir la différence entre les Occidentaux et les Asiatiques. Les Occidentaux m'émerveillent par leur ignorance, ils créent des choses qui viennent directement du cœur. Ils sont comme une feuille blanche qui permet une création. Les Asiatiques sont souvent habitués, ça manque de spontanéité.
> J'enseigne toujours la calligraphie de l'écriture coréenne « hangul » en disant :
> Le trait horizontal crée le ciel et la terre dans l'espace vide. Le trait vertical montre la descente du ciel vers la terre, l'élan vers le ciel et permet de relier le ciel et la terre. Le rond est la plénitude, le Un, l'infini, le ciel. Le carré est la terre. Le point est le centre, le noyau, la graine, la semence. Et enfin la lettre λ est l'homme qui marche.
> Pendant mes expositions, j'enseigne ma technique de peinture. Je consacre toute une partie de l'exposition à transmettre mes techniques de recto-verso avec des pigments naturels biologiques (minéraux et végétaux) sur du géotextile et sur des papiers coréens.
> Ces matières sont là pour donner quelque chose qui apaise l'âme de celui qui regarde et pour lui transmettre directement le souffle de la nature.
> Aujourd'hui, il me semble nécessaire d'utiliser les matériaux d'origine naturelle.
> En 2002, lors d'une exposition à Séoul, dans la salle d'exposition du musée, tout le monde pouvait venir et apprendre... Les professeurs des Beaux-Arts et leurs élèves et même des peintres sont venus apprendre les techniques naturelles. Car l'énergie qui émane de l'acte de peindre est un véritable souffle qui donne la force de l'âme à celui qui regarde.

11. Juliet, Charles, *Les mille monts de lune*, Poèmes de Corée, Calligraphies de Bang Hai Ja, Albin Michel, Paris, 2003.

Bang Hai Ja, à travers la calligraphie, la peinture, le QI gong, la poésie, suit une quête de la lumière qu'elle veut transmettre autour d'elle. Elle crée aussi un lien entre l'Orient et l'Occident et, par le moyen de l'art, établit un passage de transmission entre deux cultures très différentes.

Un intérêt et un désintérêt, un engagement et une motivation

Les entretiens avec tous les artistes précités, enrichis par des conversations avec d'autres artistes-enseignants[12], montrent à quel point les modes de transmission sont variés et touchent divers domaines que nous avons déjà relevés en partie et qui vont être mis maintenant en évidence.

Susciter l'intérêt, éveiller une motivation demandent un trésor de moyens et une réserve de patience pour provoquer une démarche véritable.

Ces entretiens-conversations ont eu lieu dans leurs ateliers, sur leur lieu de travail ou dans un endroit public. Ils sont ici repris, condensés pour en retirer l'essentiel, au risque de minimiser le propos et de lui retirer sa substance. Mais leurs réflexions et leurs pensées ne s'appuient pas sur des chimères, bien plutôt sur leur pratique artistique personnelle et sur le questionnement suscité par la rencontre de leurs élèves en art. Ce ne sont en aucun cas des affirmations, il s'agit plutôt d'une analyse de pratiques conduisant à des convictions acquises au fil de l'expérience.

L'enseignant, le thérapeute, l'artiste est un médiateur, un passeur.

Un artiste est quelqu'un qui laisse s'exprimer la liberté des processus et se permet la liberté de se tromper. Sa sensibilité va lui permettre de rencontrer la sensibilité de l'autre.

Le médiateur, dans ce cas, est celui qui aide l'autre à entrer plus profondément en soi-même pour pouvoir aller à la rencontre des autres. Le passeur est celui qui construit des ponts entre une sensibilité et une réalité extérieure. Les deux concepts sont proches dans leur signification mais fondamentaux pour une vie sociale harmonieuse.

L'artiste contemporain est de plus en plus investi dans la vie sociale comme pédagogue et thérapeute.

12. L'intégralité des entretiens-conversations retranscrits par l'auteur de ce texte ont été relus par les artistes : Catherine Dumas-Bouffard (peintre), Étienne Lienhard (peintre-musicien), Marie-Lucie Trinquand (potière-plasticienne), Christiane Wagner-Fléchaire (peintre-plasticienne), Françoise Nourry-Daniel (peintre-plasticienne).

L'artiste pratique son art dans son atelier, en solitaire et face à lui-même. Et même si la mise en œuvre de son travail demande la collaboration et la participation technique de spécialistes, la conception se fait à l'abri, dans un lieu plus secret. Mais l'artiste quitte régulièrement son atelier, sa création individuelle, pour permettre un renouveau social. La maîtrise de son art, les processus de création sont ainsi transmis pour un plus large éventail de personnes, suscitant la création de chacun.

L'artiste est au centre de la société. Et il désire élargir son action au-delà de son travail personnel d'atelier. Il a besoin de la rencontre avec les autres et le monde. Il a le désir de communiquer et d'élargir à la société tout entière des actions qui vont au-delà de sa création personnelle dans différents domaines comme l'écologie, le politique, la mystique, la thérapie…

L'art est ainsi un moyen d'expression mais surtout d'éveil.

L'artiste-enseignant aide ses élèves à développer leur créativité. Et c'est l'enjeu de l'artiste : comment éveiller la créativité qui est une source de bonheur et de liberté, et comment élargir une approche de la créativité vers un art partagé ?

La créativité suggère un partage d'idées, de pensées, des rebondissements, une confiance dans les intuitions et du courage pour se libérer des habitudes et sortir du cadre. Elle éveille à une ouverture sur l'art et le monde.

L'artiste interroge la matière qui est son moyen d'expression.

Le fondement de la démarche personnelle et pédagogique de l'artiste est le matériau avant tout. Quelles sont ses lois physiques, plastiques, sensibles, expressives, dans quel contexte va-t-il être reçu et quel sens va-t-il prendre. Car sans technique et sans savoir-faire, il ne peut y avoir de véritable création, le but étant d'allier maîtrise technique et créativité.

L'avantage de l'artiste, c'est son labeur entre la représentation et la réalisation. Il ne peut s'inventer aucune illusion. Tout doit passer à travers son corps, qui a des limites. L'artiste a des rêves, mais la matière est là et a aussi ses propres lois et ses limites.

La pratique de l'art interroge la vie et la vie interroge la pratique de l'art. Sa matière première, ce sont les gens, la nature, la vie, et l'art passe par l'expérience humaine.

L'artiste-éducateur modèle les forces d'imagination et la plasticité de l'esprit.

Tout commence par le Jeu. L'essence du Jeu, c'est le plaisir gratuit de l'expérience. L'imaginaire est déjà présent avant d'être formé et il se formule ensuite ; c'est de l'ordre du jaillissement. Il s'agit de réconcilier la personne avec ses potentialités naturelles. La réconciliation agit tout naturellement sur le terrain de l'expérience : réconciliation avec l'origine de la forme et avec son expression ; c'est le chemin de l'initiative et la prise de conscience de l'esprit agissant. L'enfant en se confrontant à la forme prend conscience de l'action de l'esprit : la structuration s'opère naturellement. Le jeu est un ensemencement d'imaginaire.

Être artiste aujourd'hui, est-ce un statut et qu'est-ce que cela veut dire ?

L'artiste a un don qu'il utilise ; il met en action, en mouvement, les forces créatrices qui sont en sommeil en lui. Et le pédagogue qui a conscience de ces forces créatrices veut travailler avec les mêmes forces présentes chez ses élèves. Quant au thérapeute, il doit être très clair sur sa propre vocation d'artiste. Suis-je plus pédagogue, artiste, thérapeute ?

Autrefois, l'art condensait et exprimait ce que les autres pensaient du spirituel, de la liberté et du lien de l'homme avec le divin ou le sacré et la connaissance. Aujourd'hui, l'artiste n'est plus porté par personne. Art, Science et Religion sont séparés mais le métier d'artiste peut les relier.

L'art et la transmission sont-ils indissociablement liés ?

Le but de l'enseignement est de faire découvrir à chacun son âme d'artiste, chacun avec sa technique de prédilection, pour l'amener à se reconnaître soi-même et à se positionner par rapport à sa propre famille d'artistes.

L'activité de l'artiste et du pédagogue se complètent. L'enseignant a besoin de l'élève pour pouvoir réfléchir à son activité, répondre aux questions, et cela a une influence sur son propre processus de création. Ils sont en dialogue permanent.

L'enseignement n'influence pas forcément l'imaginaire personnel de l'artiste. Par contre, cela peut lui donner une assurance et lui permettre de faire un processus de théorisation qui lui confère une distance, une confiance, une force.

Une artiste qui travaille avec des adultes handicapés raconte que les expériences avec les autistes l'ont profondément marquée car leur système de représentation est très différent. Il rejoint cependant son propre chemin de création. Ces interférences la fascinent et établissent des ponts avec son propre travail d'artiste plasticienne.

Pour beaucoup d'artistes, l'art et la transmission sont indissociables. Ils existent et se fécondent sans cesse l'un par l'autre. C'est un nouveau chemin exploré par nombre d'entre eux, qui vont à la rencontre des besoins qu'ils ressentent présents dans la société tout en les liant petit à petit à leur propre chemin.

Une question de pédagogie

Les écoles au sens large sont des lieux privilégiés de transmission, mais aussi des lieux sociaux où un monde en miniature se constitue pour privilégier des rencontres et assurer des apprentissages. Dans de nombreux pays européens, l'architecture des écoles et des classes est pensée et réfléchie en fonction des âges des enfants et des activités que l'on veut y pratiquer. Mais ailleurs dans le monde, ce sont le plus souvent les enseignants et les élèves qui s'adaptent aux conditions possibles d'installation d'une école.

Le premier geste pédagogique dans une école Steiner-Waldorf est celui de la rencontre. Dès le matin à la porte de l'école, et ensuite à la porte de la classe, le professeur serre la main de ses élèves en les saluant.

Ce geste anodin au premier abord est un geste primordial d'apprentissage qui se développe et conduit les enfants tout au long des processus d'apprentissage, d'enseignement, de transmission et de mise au travail. C'est un pas de plus par rapport à l'attitude traditionnelle qui consiste à demander aux élèves de se lever lorsque le professeur entre dans la classe, et il accompagne un chemin d'apprentissage à la fois personnel et collectif.

C'est le point de départ pour que l'enseignant développe un art de la transmission en relation directe avec ses élèves.

Que se passe-t-il donc dans une classe et comment s'organise un cours dans ces écoles ? À la maternelle, après un bonjour commun et une petite comptine de saison, les enfants se mettent à jouer librement. Les tables, les chaises, les rondins de bois, les tissus, les planches deviennent des voitures, des bateaux, des montagnes à escalader, des machines à explorer, des animaux, des téléphones. Ils travaillent à jouer. Ces jeux dans lesquels les enfants exercent pleinement leur potentiel créatif avec les autres, construisent leurs corps, élaborent des savoir-faire, nourrissent leur monde imaginaire personnel et sont une mise en pratique de l'exercice de la vie sociale. L'enseignant est là seulement pour veiller avec attention au groupe d'enfants ; il donne parfois des impulsions et joue aussi le rôle de consolateur.

Avec des élèves plus grands, pendant un cours d'anthropologie par exemple, le professeur agit comme le peintre avec son pinceau en conduisant une observation du squelette humain ni théorique, ni froidement scientifique, mais à la fois méthodique et artistique. Il dirige d'abord le regard des élèves vers les proportions du corps, les différences entre les os longs et les os plats, le crâne, la cage thoracique et les membres. Il peut aussi inviter des artistes comme Vinci, Michel-Ange ou Dürer, passionnés par la morphologie humaine, leur en montrer les dessins et les rendre attentifs à la différence anatomique et morphologique entre l'homme et la femme.

À tous les âges, un cours de peinture peut devenir une extraordinaire découverte de la vitalité de la couleur, de sa valeur, de son expressivité, de la même façon qu'un cours de mathématiques ou de géométrie peut devenir une source de lien avec la musique des sphères.

Les artistes parlent de la force de l'art, des mots, du graphisme, de la couleur, de la musique, du sentiment et de la pensée, mais aussi de la manière dont l'enseignant-artiste donne du sens à ce qu'il enseigne. Et cela passe largement au-dessus des disciplines particulières, car c'est l'art de la pédagogie et de la transmission qui est à cultiver. L'école reste le lieu social privilégié d'apprentissage, de contact avec la culture et le patrimoine par l'histoire des arts, l'histoire et la lecture, de rencontre avec les valeurs universelles du beau, du vrai et du bien (comme à l'Académie platonicienne) et avec la connaissance plus généralement.

Car nous assistons à une crise profonde de la transmission dans un bon nombre de domaines de la vie sociale, éducative et culturelle de notre monde contemporain.

Mais nous ne pouvons pas échapper à la question de la transmission ; c'est la tâche la plus importante des adultes. Elle peut se faire par l'imitation, ce que réalise naturellement le petit enfant par la copie immédiate d'une gestuelle ou d'une attitude des adultes qui l'entourent. Avec l'adolescent, nous assistons plutôt à un geste d'identification à un modèle idéal ou quelquefois une idole. Ces deux observations du développement de l'enfant qui grandit, imitation et identification, peuvent être prises en compte en pédagogie. Pour grandir, l'enfant a besoin de la présence des adultes autour de lui. L'attitude de l'éducateur sera différente avec le jeune enfant qui demande une présence rassurante et une intégrité morale, et avec l'adolescent qui sollicite plutôt une ouverture à un ou des modèles auxquels il puisse s'identifier, par l'intermédiaire de biographies par exemple.

Il existe aussi des lieux privilégiés de transmission comme les structures scolaires éducatives, les musées et le patrimoine culturel qui appartiennent à tous, les lieux publics, agoras, rues, cafés, théâtres, cinémas, lieux de culte, les lieux de travail et de la vie familiale, où peuvent se créer des échanges, des passages, des passations.

La transmission se fait toujours par un intermédiaire humain, un passeur, un témoin, un guide, un ami, un parent.

Notre postulat de départ était que la voie de la création artistique était la plus féconde pour une transmission véritable. Mise en pratique par Rudolf Steiner et des artistes de son époque, elle montre bien que ce chemin de transmission par l'art au sens large mérite toute notre attention.

Des rencontres avec plusieurs artistes contemporains à propos de la transmission éclairent bien la situation actuelle. C'est ainsi que Gérard Garouste exprime son idée personnelle de la transmission et de la culture comme une inscription dans l'histoire de l'art, une prise de conscience de la culture et la nécessité d'une digestion et d'un oubli pour pouvoir créer par soi-même.

« Savoir recevoir pour pouvoir donner » est sa définition de la transmission.

Dans tout vécu de transmission, nous vivons aussi une simultanéité du recevoir et du donner. Les deux protagonistes sont dans une attitude d'ouverture.

Avec le recul, le mode de transmission de la culture, la pédagogie, nous paraît être à la source de tous ces questionnements. Chacun doit pouvoir faire siens ses apprentissages, se les approprier de manière totalement intégrée à son être, y compris à travers le passage par l'oubli[13] pour qu'ils renaissent, métamorphosés, dans la conscience.

C'est donc vraiment une question de pédagogie : comment enseigner aux enfants pour qu'ils intègrent dans leur être profond ce qu'est un être humain et ce qu'ils sont eux-mêmes, leur individualité propre avec un projet personnel à la rencontre de l'autre et des autres ?

Notre travail a mis à jour un foisonnement d'engagements, de pas en avant, d'actions en faveur d'une démarche renouvelée et actuelle de transmission pour remédier aux urgences de notre époque. Ce foisonnement est prometteur d'impulsions nouvelles, à l'image de ce qui s'est passé au début du XXe siècle.

Ce serait peut-être le moment du passage nécessaire de la maison du verbe (le Goethéanum de Steiner), à la maison de la transmission ou des transmissions, de même qu'il y a les maisons de la culture.

La responsabilité des adultes vis-à-vis de l'enfance et de la jeunesse est très grande : apprendre à regarder l'autre, à l'écouter et à se pencher vers lui en le considérant comme un être humain, même différent. C'est là, me semble-t-il, l'immense tâche de l'éducation qui concerne les professionnels, les parents et, en fait, tous les adultes. Et c'est une transmission, une culture et un art.

13. La notion d'oubli est très importante dans les processus d'apprentissage car elle permet de rebondir ensuite et de féconder les acquis. Une des particularités de la pédagogie des écoles Steiner-Waldorf est l'enseignement en périodes qui permet de plonger dans une matière et de l'approfondir tous les jours pendant trois ou quatre semaines, de l'oublier et de la reprendre quelques semaines plus tard après un mûrissement et avec un nouvel élan. Voir Steiner, Rudolf, *Nature humaine*, *op. cit.*, et *Art et Spiritualité — Une recherche-action* aux Éditions de la Fédération des Écoles Steiner-Waldorf en France, Paris, 2008.

Conclusion

Cette étude a voulu montrer en plusieurs étapes comment les bouleversements sociaux du siècle dernier ont fait germer, naître et élaborer de nouvelles recherches dans les domaines de l'art et de la transmission.

Rudolf Steiner, son parcours, ses activités et ses réalisations, fut le point de départ de notre recherche. Elle a cerné comment il fut très vite rattrapé et même accompagné par d'autres acteurs de la vie artistique, culturelle, sociale et éducative du début du XXe siècle.

Les démarches convergentes de Steiner, Kandinsky et Mondrian, ont témoigné de la relation étroite entre l'art et le spirituel, ou plus précisément, de la dimension spirituelle de l'art qui donna naissance au début du XXe siècle à l'abstraction. Les écoles Waldorf (le Bauhaus d'une autre manière) concrétisèrent l'intégration des arts et de l'artisanat dans le cursus pédagogique et redonnèrent une place centrale à l'art à l'école.

Les propos de Joseph Beuys quelques années plus tard, transmis par son biographe Heiner Stachelhaus, exhortent de manière récurrente le milieu scolaire et les enseignants à :

> Étendre l'art à toutes les matières. Cela n'a aucun sens, disait-il, d'enseigner l'art de manière isolée pendant deux, cinq, huit ou même dix heures par semaine. [...] Les mathématiques, comme l'art, dépendent des facultés créatrices sculpturales. [...] Peu importe que j'enseigne l'anglais, l'art ou la botanique. Partout doit agir le principe artistique.

Ces paroles relaient avec vigueur l'initiative de Steiner pour le développement d'un art de la pédagogie.

De nombreux thérapeutes font aussi l'expérience que l'émotion artistique enrichit la vie intérieure, permet de cultiver le sens social, d'améliorer le contact avec l'autre. Ainsi on entrevoit la possibilité d'atténuer et même de guérir la souffrance de la vie.

Svetlana Geier, pédagogue et traductrice de cinq grandes œuvres de Dostoïevski, témoigne dans le film documentaire *La femme aux cinq éléphants* que l'expérience du spirituel par l'art ouvre les portes de l'humanisme ou humanise les hommes en les empêchant de s'entretuer.

Si le spirituel est bien une question d'expérience personnelle, une démarche pédagogique s'appuyant sur une connaissance profonde des différentes phases de développement de l'enfant à la personne âgée ainsi que sur une confiance réelle dans les facultés et les ressources cachées de tout être humain, reste primordiale dans le processus de transmission puisqu'autant Kandinsky que Steiner ou Beuys la considéraient comme fondamentale.

Dire que le mode de transmission passe par l'être humain ne suffit pas. Mais il n'en demeure pas moins important de rappeler que c'est par son intermédiaire que se concrétisent tous les apprentissages de la vie dans la nature avec les animaux et dans la vie sociale avec les autres êtres humains. Dans toutes les anciennes cultures, la vie entre la naissance et la mort était rythmée par des moments importants de passage : les rites, les initiations, les fêtes et les cultes rythmaient les différents âges de la vie. L'enfant, l'adolescent parcouraient un chemin jalonné d'obstacles ou d'épreuves qu'il devait franchir seul, mais avec, autour de lui, l'aide éclairée des adultes qui se sentaient responsables de ce parcours.

Aujourd'hui, la communauté « tribale » s'est beaucoup réduite et la vie familiale est restreinte à un petit nombre de personnes. Par contre, dans de nombreux endroits, des communautés de vie se reconstituent et des vies de village ou de quartier s'organisent autour d'un projet d'architecture commun pour une vie plus saine, festive et chaleureuse. Ces actions menées et conduites par de petits groupes de personnes assurent une continuité dans la vie sociale interrelationnelle en cultivant les contacts entre les générations.

Les colonies d'artistes décrites au premier chapitre de cet ouvrage réunissaient des talents similaires au profit d'échanges riches susceptibles d'enrichir une création personnelle.

Ces nouvelles communautés de vie rassemblent au contraire des personnes aux aptitudes et aux métiers différents. Ce sont des besoins sociaux, économiques et culturels qui justifient leur création. Les acteurs de ces lieux vont devenir des créateurs sociaux, au sens où Beuys l'entendait.

Car de quoi s'agit-il vraiment lorsque nous parlons de culture, de transmission, de patrimoine, de communication ? Cela part du besoin de se trouver soi-même. Où suis-je vraiment moi ? Est-ce à l'école, dans mon travail, avec mes copains, ma famille, tout seul ? Où puis-je me rencontrer moi-même ? Et qui suis-je finalement ?

Ces questions centrales et vitales concernent chacun de nous, dès le plus jeune âge. Passer de la symbiose avec son entourage au rejet nécessaire quelques années plus tard, demande un accompagnement assuré par la famille, l'école. Comment puis-je établir le lien entre ce que je vis, mes désirs, mes aspirations profondes, mes projets, et ce qui me fait vivre dans la vie courante ?

Ce sont les éducateurs, les parents, l'école et les professeurs qui sont les plus proches des enfants et les garants de la découverte de cette vie intérieure et de son développement. De nombreuses expériences pédagogiques montrent que c'est par une pédagogie artistique que l'enfant peut trouver un lien individuel avec les activités scolaires et le professeur lui-même. Car, dans l'activité artistique, chaque être humain peut trouver le chemin vers une connaissance de soi.

Il y a plusieurs façons d'apprendre. Les souvenirs de nos expériences et de nos vécus dans la petite enfance nous font prendre conscience que nous avons acquis des savoir-faire, des habitudes, sans presque nous en rendre compte. La perception est également un moyen d'apprendre grâce aux organes des sens, ce qui nous permet ensuite d'élaborer des pensées. Enfin nous sommes aussi fortement modelés, formés, par la manière dont on nous a enseignés et nous en gardons une mémoire très forte. Ce n'est pas le contenu de l'enseignement qui compte ici, mais bien plus la rencontre faite avec le professeur ou l'éducateur à travers la matière enseignée, quelle qu'elle soit. C'est la rencontre entre deux êtres qui peut se révéler importante pour toute une vie. Chacun de nous en a fait l'expérience ; le souvenir porte sur la stature, les gestes, les intonations de la voix, les expressions du visage, le tout révélateur d'une vie spirituelle intérieure. Chaque enseignant devrait avoir une conscience très claire que ce n'est pas la transmission des connaissances en soi qui est importante, mais le mode artistique sur lequel elles sont apportées, le travail qui a été fait en amont pour introduire un contenu de manière vivante, questionnante, et susciter un désir personnel de recherche. Ce fut l'apport de Steiner en pédagogie de montrer concrètement qu'une transmission véritable passe par la voie de la création artistique et qu'elle est un art.

Bibliographie

Écrits de Rudolf Steiner

STEINER, Rudolf, *Die Philosophie der Freiheit,* Dornach, Rudolf Steiner Verlag, 16e éd., 1995 (*La philosophie de la liberté,* trad. Georges Ducommun, Paris, Fischbacher, 1963 ; édition du centenaire, trad. G. Bideau, Montesson, éditions Novalis, 1993).

— *Friedrich Nietzsche, ein Kämpfer gegen seine Zeit,* Dornach, Rudolf Steiner Verlag, 4e éd. augmentée, 2000 (*Nietzsche, un homme en lutte contre son temps*, trad. G. Barthoux, Genève, Éditions Anthroposophiques Romandes, 1982).

— *Wahrheit und Wissenschaft,* Dornach, Rudolf Steiner Verlag, 5e éd., 1980 (*Vérité et Science,* trad. G. Barthoux, Genève, Éditions Anthroposophiques Romandes, 1987).

— *Wie erlangt man Erkenntnisse der höheren Welten ?* Dornach, Rudolf Steiner Verlag, 24e éd., 1993 (*Comment parvient-on à des connaissances des mondes supérieurs ?,* trad. G. Bideau, Montesson, Novalis, 1993).

— *Mein Lebensgang,* Dornach, Rudolf Steiner Verlag, 8e éd., 1982 (*Autobiographie,* vol. 1 et 2, trad. G. Ducommun, Genève, Éditions Anthroposophiques Romandes, 1979).

— *Theosophie,* Dornach, Rudolf Steiner Verlag, 32e éd., 2002 (*La théosophie,* trad. R. Burlotte, Montesson, Novalis, 1995).

— *Die Geheimwissenchaft im Umriss*, Dornach, Rudolf Steiner Verlag, 30e éd., 1989 (*La science de l'occulte dans ses grandes lignes,* trad. P.H. Bideau, Montesson, Novalis, 2000).

— *Aus der Akasha-Chronik,* Dornach, Rudolf Steiner Verlag, 6e éd., 1986 (*La chronique de l'Akasha,* trad. G. Ducommun, Genève, Éditions Anthroposophiques Romandes, 1980).

— *Vier Mysteriendramen,* Band I und II, Dornach, Rudolf Steiner Verlag, 5e éd., 1998 (*Quatre Drames-Mystères,* trad. S. Rihouët-Coroze, vol. I et II, Paris, Triades, 2e éd., 1991).

Conférences de Rudolf Steiner[1]

— *Pfade der Seelenerlebnisse,* Dornach, Rudolf Steiner Verlag, 1984 (*Expériences de la vie de l'âme*, Genève, Suisse, Éditions Anthroposophiques Romandes, 1984).
— *Allgemeine Menschenkunde als Grundlage der Pädagogik,* Dornach, Rudolf Steiner Verlag, 9e éd. revue et augmentée, 1992 (*La nature humaine, fondement de la pédagogie*, trad. R. Burlotte, Paris, Triades, 5e éd., 2004).
— *Die Brücke zwischen der Weltgeistigkeit und dem Physischen des Menschen,* Dornach, Rudolf Steiner Verlag, 4e éd. 1993 (*Liberté et Amour. Le pont entre le spirituel de l'univers et le physique de l'homme,* trad. collective, Genève, Éditions Anthroposophiques Romandes, 1989).
— *Das Miterleben des Jahreslaufes in vier kosmischen Imaginationen,* Dornach, 8e éd. augmentée, 1999 (*Quatre imaginations cosmiques,* Paris, Triades, 1975 ; trad. M. Bideau et G. Wagner, Triades, 2e éd. augmentée avec planches en couleurs, 1984).
— *Kunst im Lichte der Mysterienweisheit,* Dornach, Rudolf Steiner Verlag, 3e éd., 1990 (*L'art à la lumière de la sagesse des Mystères*, trad. H. Bideau, Genève, Éditions Anthroposophiques Romandes, 1987).
— *Kunst und Kunsterkenntnis,* Dornach, Rudolf Steiner Verlag, 3e éd. augmentée, 1985 (*L'art, sa nature, sa mission*, trad. M. Altmeyer et H. Bideau, Paris, Triades, 1990).

1. Les ouvrages mentionnés dans cette catégorie rassemblent des cycles de conférences données dans différentes villes européennes. À propos de l'œuvre graphique de Steiner, il n'existe, à notre connaissance, aucune littérature en français ; simplement des articles dans les revues *Triades* et *L'Esprit du temps*, mentionnées dans les annexes. Des analyses et des études de l'œuvre graphique de Steiner — et plus particulièrement les dessins au tableau — ne sont apparues qu'à partir des années 1990, au moment où ont commencé les expositions de ces dessins à la craie sur papier noir. Ces nombreuses esquisses et dessins suscitèrent beaucoup d'intérêt auprès du public jusqu'à l'exposition de Tokyo en 2000, qui a permis l'édition d'un catalogue présentant les carnets de notes de Steiner. Nous avons eu l'occasion de consulter quelques-uns de ces petits carnets aux archives du Goethéanum à Dornach. Le champ d'exploration de l'œuvre de Steiner reste encore très large.

— *Entstehung und Entwickelung der Eurythmie,* Dornach, Rudolf Steiner Verlag, 3e éd., 1998, préfacée par E. et E. Froböse (*Aux origines de l'eurythmie,* édition française établie par A. Lange, Caen, Association Filigrana, 2008).
— *Kunstgeschichte als Abbild innerer geistiger Impulse,* Dornach, Rudolf Steiner Verlag, 3e éd. revue, 2000 (*L'histoire de l'art, reflet d'impulsions spirituelles,* trad. H. Bideau et G. Wagner, vol 1,2, Paris, Triades, 1989).
— *Das Wesen der Farben,* Dornach, Rudolf Steiner Verlag, 4e éd., 1991 (*Nature des couleurs,* trad. H. Bideau, Genève, Éditions Anthroposophiques Romandes, 1978).
— *Wege zu einem neuen Baustil,* Dornach, Rudolf Steiner Verlag, 3e éd., 1982 (*Vers un nouveau style en architecture,* trad. coll., Paris, Éditions du Centre Triades, 1969).
— *Goethe als Vater einer neuen Aesthetik*, Dornach, Rudolf Steiner Verlag, 1987 (*Goethe, père d'une esthétique nouvelle*, série « Art » cahier n°1, choix de conférences, Paris, Éditions du Centre Triades, 1979).
— *Der Dornacher Bau als Wahrzeichen geschichtlichen Werdens und künstlerischer Umwandlung*, Dornach, Rudolf Steiner Verlag, 2e éd., 1985 (*Le premier Goethéanum, témoin de nouvelles impulsions artistiques*, Genève, Éditions Anthroposophiques Romandes, 1982).
— *Das Goetheanum als Gesamtkunstwerk,* Dornach, Verlag am Goetheanum, 1986 (*Le Goethéanum, un langage des formes. La conception du Goethéanum,* trad. A. Tanner, Genève, Éditions Anthroposophiques Romandes, 1986).
— *Die Goetheanum-Fenster, Sprache des Lichtes*, Entwürfe und Studien, Dornach, Rudolf Steiner Verlag, 2e éd., 1996.
— *Wesen und Bedeutung der illustrativen Kunst,* Dornach, Philosophisch-Anthroposophischer Verlag am Goetheanum, 1940.
— *Bilder okkulter Siegel und Saülen — der Münchner Kongress*, Pfingsten 1907, Dornach, Rudolf Steiner Verlag, 3e éd, 1993.
— *Die Kleinodienkunst als Goetheanistische Formensprache — Siegel der vier Mysteriendramen,* Dornach, Rudolf Steiner Verlag, 1984.
— *Wandtafelzeichnungen zum Vortragswerk,* Band 1 bis 28, Dornach, Rudolf Steiner Verlag, plusieurs éditions.

Ouvrages critiques

BERRON, J., *L'îlot de culture humaine,* Strasbourg, Association « l'île humaine », 1996.

BEUYS, J., HARLAN, V., *Was ist Kunst ? — Werkstattgespräch mit Joseph Beuys,* Stuttgart, Urachhaus, 1986 (*Qu'est-ce que l'art ?*, trad. L. Cassagnau, Paris, L'Arche, 1992).

BIESANTZ, H., KLINGBORG, A., *Das Goetheanum — Der Bau-Impuls Rudolf Steiners,* Dornach, Philosophisch-Anthroposophischer Verlag am Goetheanum, 1978 (*Le Goethéanum — L'impulsion de Rudolf Steiner en architecture,* trad. B. Hucher, Genève, Éditions Anthroposophiques Romandes, 1981).

BIELY, A., *Souvenirs sur Rudolf Steiner,* Paris, La Presse libre, 1982 (traduit du russe, A.-M. Tatsis-Botton, Lausanne, L'Âge d'Homme, 1996).

BIDEAU, G. et P.-H, *Une vie pour l'anthroposophie,* Montesson, Novalis, 2001.

— *Une biographie de Rudolf Steiner*, Montesson, Novalis, 1997.

BOCKEMÜHL, M., KUGLER, W., *Denkzeichen und Sprachgebärde, Tafelzeichnungen Rudolf Steiners,* Stuttgart, Urachhaus, 1993.

CHENG, F., *Vide et plein,* Paris, Seuil, 1991.

— *Cinq méditations sur la beauté,* Paris, Albin Michel, 2006.

CARLGREN, F., KLINGBORG, A., *Erziehung zur Freiheit,* Stuttgart, Verlag Freies Geistesleben, 1972 (*Éduquer vers la liberté — La pédagogie de Rudolf Steiner dans le mouvement international des Écoles Waldorf,* 3e édition revue et corrigée, Chatou, Les Trois Arches, 1992).

COLLOT D'HERBOIS, L., *Licht, Finsternis und Farbe,* Dornach, Verlag am Goetheanum, 1993 (*Lumière, Ténèbres et Couleur,* trad. J. Delage, Genève, Éditions Anthroposophiques Romandes, 1997).

— *Colour*, Driebergen, Stichting Magenta, 1985 (*Couleur*, trad. E. Reiter-Klintz, Éditions Anthroposophiques Romandes, 2001).

FANT, A., KLINGBORG, A., WILKES, J., *Die Holzplastik Rudolf Steiners in Dornach,* Dornach, Philosophisch-Anthroposophischer Verlag am Goetheanum, 1969.

GOETHE, J.-W., *Zur Farbenlehre — Didaktischer Teil,* vol. 116 de la collection Kürschners deutsche National-Literatur Tübingen, 1810 (*Le traité des couleurs — Partie didactique,* accompagné de trois essais théoriques, introduction et notes de R. Steiner, textes choisis et présentés par P.-H. Bideau, trad. H. Bideau, Paris, Éditions du Centre Triades, 3e éd. 1983).

— *Faust 1 et 2,* trad. R. Lichtenberger (bilingue), Paris, Aubier-Montaigne, 1920, trad. J. Malaplate, Paris, Flammarion, 1984.

— *Zur Pflanzenmetamorphose,* vol. 114 de la collection Kürschners deutsche National-Literatur (*La métamorphose des plantes et autres écrits botaniques*, introduction et notes de P.-H. Bideau, trad. H. et G. Bideau, Paris, 2e éd. entièrement revue et augmentée, 1992).

GOMBRICH, E., *The Story of Art,* London, Phaidon, 1989 (15th edition : first published 1950) (*Histoire de l'Art*, trad. J. Combe et C. Lauriol, Paris, Flammarion, 1990).

— et ERIBON, D., *Ce que l'image nous dit*, Paris, Diderot, 1998.

HAGEN, D., *Der Goetheanum-Bau,* Dornach, Verlag am Goetheanum, 1978.

HARTMANN, G., *Les vitraux du Goethéanum,* trad. H.-W. Waddington, Dornach, Verlag am Goetheanum, 1973.

HAUSCHKA, M., *Zur Künstlerischen Therapie,* Bd I und II, Boll über Göppingen, Schule für Künstlerische Therapie und Massage, (Volume I, *La peinture thérapeutique*, Paris, Éditions du Centre Triades, 1989).

HEGU, B., *Évocation du carnet du peintre,* Paris, Fédération des écoles Steiner-Waldorf en France, 2007.

HEMLEBEN, J., *Rudolf Steiner,* Hambourg, Rowohlt, 1963 (*Rudolf Steiner*, Paris, Fischbacher, 1967).

ITTEN, B., *Bildanalysen,* Ravensburg, Otto Maier, 1968 (*L'étude des œuvres d'art,* trad. A. Bigot, Paris, Dessain et Tolra, 1990).

JUNG, C.-G., *Ma vie — Souvenirs, rêves et pensées*, trad. Dr R. Cohen et Y. Le Lay avec la collaboration de S. Burckhardt, Gallimard/Folio Essais, 1973.

VON HALLE J., WILKES, J., *Die Holzplastik des Goetheanum — Der Menschheitsrepräsentant zwischen Luzifer und Ahriman,* Dornach, Philosophisch-Anthroposophischer Verlag am Goetheanum, 1978.

KANDINSKY, N., *Kandinsky und Ich (Kandinsky et moi,* trad. J.-M. Gaillard-Paquet, Paris, Flammarion, 1978).

KANDINSKY, W., *Ueber das Geistige in der Kunst, insbesondere in der Malerei,* Piper, Munich, 1912 (*Du spirituel dans l'art, et dans la peinture en particulier,* éd. établie et présentée par P. Sers, trad. de l'allemand par N. Debrand et du russe par B. du Crest, Paris, Denoël/ Folio Essais, 1990).

— *Regards sur le passé et autres textes* 1912-1922, édition établie et présentée par J.-P. Bouillon, Paris, Hermann, 1974.

— *Punkt und Linie zu Fläche (Point et ligne sur Plan. Contribution à l'analyse des éléments de la peinture,* nouvelle éd. établie, présentée et annotée par P. Sers, trad. S. et J. Leppien, Paris, Gallimard/Folio Essais, 1991).

KANDINSKY, W., MARC, F., *Der blaue Reiter, München,* Zürich, R. Piper & Co Verlag, 1912 (*L'Almanach du Cavalier Bleu*, trad. E. Dickenherr, Ch. Payen, A. Pernet, P. Sers, C. Heim, N. Kociak, P. Volboudt, Paris, Klincksieck, 1987).

KEMPER, K., *Der Bau. Studien zur Architektur und Plastik des Ersten Goetheanum,* Stuttgart, Verlag Freies Geistesleben, 1966.

KLEE, P., *Das Bildnerische Denken, Schriften zur Form- und Gestaltungs-Lehre,* Bâle, Schwabe & Co. Verlag, 1956 (*Théorie de l'art moderne*, trad. P.-H. Gonthier, Paris, Denöel, 1985).

— *Reise ins Land der besseren Erkenntnis*, Köln, DuMont Schauberg, 1975 (*Klee — dessins*, Paris, Chêne, 1975).

KLINGBORG, A., *Trädgärd Till Nöje Och Nytta (L'art merveilleux des jardins*), trad. François de Barros, I. Nilsson et W. Menzel, Éditions Anthroposophiques Romandes.

KRAUSE-ZIMMER, H., *Griechische Plastik,* Dornach, Verlag am Goetheanum, 1995.

KUGLER, W., BAUR, S., *Rudolf Steiner in Kunst und Architektur,* Köln, DuMont Buchverlag, 2007.

LOWNDES, F., *Die Belebung des Herzschakra,* Stuttgart, Verlag Freies Geistesleben, 1996 (*Le chakra du coeur,* trad. P. Diet, Chatou, Les Trois Arches, 1997).

LACHMAN, G., *Rudolf Steiner — An Introduction to His Life and Work,* New-York, J.-P. Tarcher/ Penghin Group, 2007 (*Rudolf Steiner — Une biographie,* trad. C. Piot, Actes Sud, 2009).

MARBACH, I., *Margarethe Hauschka, ein Lebensbild,* trad. Bernadette Hégu, Bâle, Triskel Verlag, 2007.

MATISSE, H., *Écrits et propos sur l'art,* Paris, Hermann, 1972.

NOBEL, A., *Educating through Art,* Edinburgh, Floris Books, 1996.

PANOFSKY, E., *La perspective comme forme symbolique*, trad. G. Ballangé, Paris, Les éditions de Minuit, 1975.

PINCAS, A., *La source et le nuage,* Puteaux, EREC éditeur, 2002.

— *Manteaux de lumière, manteaux de peau,* École Nationale Supérieure des Beaux-Arts, Paris 2006.

— *Recettes de peinture — Techniques de la peinture et du dessin*, Beaux-Arts de Paris, Les Éditions Marin Beaux-Arts, 2010.

RAAB, R., *Edith Maryon, Bildhauerin und Mitarbeiterin Rudolf Steiners,* Dornach, Verlag am Goetheanum, 1993.

RASKE, H., *Das Farbenwort,* Stuttgart, Verlag Freies Geistesleben, 1983.

REDON, O., *À soi-même,* Paris, José Corti, 1979.

— *Critiques d'art,* Bordeaux, William Blake & Co. Edit., 1987.

RICHARD, L., *Encyclopédie du Bauhaus,* Paris, Aimery Somogy, 1985.

RICHTER, G., *Ideen zur Kunstgeschichte,* Stuttgart, Verlag Urachhaus, 1967.

RILKE, R. M., *Auguste Rodin,* Frankfurt/Main, Insel Verlag, 1984 (*Auguste Rodin,* trad. Catherine Caron, La Part commune, Rennes).

— *Lettres à un jeune poète,* trad. M.B. de Launay, Paris, Gallimard, 1993.

ROGGENKAMP, W., *Das Goetheanum als Kunstwerk,* Dornach, Verlag am Goetheanum, 1986 (*Le Goethéanum, un langage des formes — La conception du Goethéanum,* trad. A. Tanner, Éditions Anthroposophiques Romandes, 1986).

SAM, M.-M., *Bildspuren der Imagination. Rudolf Steiners Tafelzeichnungen als Denkbilder,* Dornach, Rudolf Steiner Verlag, 2000.

SARKIS *in : Sarkis à Saint Jean de Grais* (ouvrage collectif), éditions *Ereme,* « Création et architecture », Paris, 2005.

SERS, P., *Kandinsky — Philosophie de l'art abstrait*, Genève, Skira, 2003.

SOESMAN, A., *De twaalf zintuigens, Poorten van de ziel, Zeist,* Pays-Bas, Uigeverij Vrij Geetesleven, 1987 (*Les douze sens, portes de l'âme*, trad. P. et F. van der Heijde, Paris, Triades, 1998).

STACHELHAUS, H., *Joseph Beuys,* Düsseldorf, Allemagne, Econ Verlag, 1991 (*Joseph Beuys — Une biographie,* trad. X. Carrère, C. Guibout, J.-Y. Masson, Paris, éditions Abbeville, 1994).

TURGUENIEFF, A., *Rudolf Steiners Entwürfe für die Glasfenster des Goetheanum,* Dornach, Rudolf Steiner Verlag, 1961.

— *Erinnerungen an Rudolf Steiner*, Stuttgart, Verlag Freies Geistesleben, 1972.

— *Das Märchen von der grünen Schlange und der Schönen Lilie von Goethe, Zeichnungen in Hell-Dunkel Technik,* Dornach, Philosophisch-Anthroposophischer Verlag am Goetheanum, 1929.

WOLOSCHIN, M., *Leben und Werk,* Verlag Freies Geistesleben, Moering Stuttgart, 1982.

— *Die grüne Schlange. Errinerungen*, Stuttgart, Verlag Freies Geistesleben, 7e éd., 1997.

WIESBERGER, H., *Une vie pour l'anthroposophie,* Publications d'archives, vol. 1, traduction G. Ducommun, Genève, Éditions Anthroposophiques Romandes, 1990.

ZUMDICK, W., *Rudolf Steiner und die Künstler,* Dornach, Die Pforte Verlag, 2005.

Catalogues

WOLFSBURG 2010 : *Rudolf Steiner und die Kunst der Gegenwart,* Kunstmuseum Wolfsburg, 12.Mai -3.Okt. 2010. DuMont Buchverlag. *Rudolf Steiner – Alchemie des Alltags / Rudolf Steiner – Alchemy of the Everyday*, 12.Mai -3.Okt. 2011. Vitra Design Museum.

STUTTGART 2011 : *Rudolf Steiner und die Kunst der Gegenwart,* Kunstmuseum Stuttgart, 5.Feb. -22.Mai 2011. DuMont Buchverlag. *Rudolf Steiner – Alchemie des Alltags / Rudolf Steiner – Alchimy of the Everyday*, 5.Feb. -22.Mai 2011. Vitra Design Museum.

WEIL/RHEIN 2011 : *Rudolf Steiner – Alchemie des Alltags / Rudolf Steiner – Alchemy of the Everyday,* Sept. 2011 - March 2012. Vitra Design Museum.

PARIS 2009 : *Oublier Rodin*, Musée d'Orsay, Paris, éditions Hazan, 2009.

— 2008 : *Traces du sacré*, Centre Georges Pompidou, Paris, éditions du Centre Georges Pompidou, Paris, 2008.

— 2008 : *Art et Spiritualité dans la pédagogie Steiner-Waldorf, une recherche-action,* Paris, Éditions de la Fédération des Écoles Steiner-Waldorf en France, 2008.

SEOUL 2007 : *Bang Hai Ja, Souffle de Lumière,* musée Whanki, Séoul 2007, Yeobaek media, Séoul.

PARIS 2007 : *Anselm Kiefer, Sternenfall (Chute d'étoiles)*, Monumenta 2007, texte Philippe Dagen, Paris, Regard — CNAP, 2007.

BÂLE 2004-05 : *Archiskulptur, Dialoge zwischen Architektur und Plastik vom 18. Jahrhundert bis heute*, von Markus Brüderlein, Basel, Fondation Beyeler, Hatje Cantz Verlag.

BORDEAUX 2004 : *Gabriele Münter,* texte allemand Hoberg A. et Friedel H. (Trad. Claire Hirner), Munich, Prestel Verlag, 2004.

DORNACH 2003 : *Wie ein Atmen im Lichte*, Wandtafelzeichnungen von Rudolf Steiner 1919-1924, Dornach, Rudolf Steiner Verlag, 2003.

— 2001 : *Farbenspuren,* Goetheanum Dornach, 11.März–29.April 2001, Kunstsammlung am Goetheanum.

DARMSTADT 2001/2002 : *Die Lebensreform*, Institut Mathildenhöhe Darmstadt, 21. Okt. 2001 – 24. Febr. 2002, Haeusser-media. Verlag Häusser, tomes I et II.

TOKYO 2000 : *The Notebooks of Rudolf Steiner — Notizbücher von Rudolf Steiner*, Etsuko Watari and Walter Kugler, The Watari Museum of Contemporary Art, Tokyo, April 14 – August 27, 2000.

ZÜRICH 1999 : *Rudolf Steiner Wandtafelzeichnungen,* Kunsthaus Zürich, 21. Mai – 1. Aug. 1999.

FRANKFURT 1997 : *Das andere Auge der Götter*, Kolloquium zu den Wandtafelzeichnungen von R. Steiner, Köln, Frankfurt am Main, Buchhandlung Walter König, 1997.

BERN 1997 : *Die Blauen Vier,* Köln, DuMont Verlag, 1997.

PARIS 1994 : *Joseph Beuys*, Centre national d'art et de culture G. Pompidou, 30 juin – 3 oct. 1994, Paris, éditions du Centre G. Pompidou, 1994.

STUTTGART 1994 : *Rudolf Steiner, Tafelzeichnungen, Entwürfe, Architektur*, Württembergischer Kunstverein, 27. Okt. – 4. Dez. 1994, Ostfildern, Tertium.

KÖLN 1992 : *Wenn die Erde Mond wird*, Wandtafelzeichnungen, Köln, DuMont Verlag, 1992.

DORNACH 1973 : *Mysteriendramen am Goetheanum, Rudolf Steiner und die neue Bühnenkunst,* Dornach, Philosophisch-Anthroposophischer Verlag, 1973.

Articles, essais et témoignages

BRION-GUERRY, L., « Rudolf Steiner : vers un nouveau style en architecture », in : *L'année 1913. Les formes esthétiques de l'œuvre d'art à la veille de la Première Guerre mondiale,* tome 3, Manifestes et témoignages, Paris, Klincksieck, 1973, p. 91-97.

BUCHOLZ, K., « Kunsttheorie und Ästhetik », *in :* cat. *Die Lebensreform*, 2001-02, Haeussermedia, Verlag Häusser, tome I, p. 216-219.

DARRASSE, E., in : *Sarkis à Saint-Jean de Grais* (ouvrage collectif), éditions Ereme, 2005.

DUBACH, R., « Le vitrail rouge », *Triades,* n°2, Tome 35, Hiver 1987-88, p. 4-13.

DUFRENE, TH., « Le dilemme de la sculpture moderne entre autonomie de la forme et sculpture sociale », *in :* cat. *Oublier Rodin ? La sculpture à Paris, 1905-1914*, Musée d'Orsay, Paris, éditions Hazan, 2009, p. 95-101.

— « Ni cubisme, ni futurisme : vorticisme — Le nœud et l'essaim rayonnant ou l'intensité de la vie selon Henri Gaudier Brzeska », in : *Cahiers du Mnam*, été *2009*, p. 30-49.

FULLER, L. *: Ma vie et la danse — Autobiographie*, Paris, L'Œil d'or, Mémoires et miroirs, et J.-L. André d'Asciano, 2002.

GAILLARD, C., « Les créateurs(ifs) culturels », *Art et Spiritualité dans la pédagogie Steiner-Waldorf, une Recherche-Action,* Paris, éditions de la Fédération des Écoles Steiner-Waldorf en France, 2008, p. 216-219.

GRINTEN, H., « Joseph Beuys au regard de la tradition », in : catalogue *Joseph Beuys*, éditions du Centre Georges Pompidou, 1994, pp. 49-52.

— « Substances, caractères, symboles », *ibid.*, p. 53-55.

GUERIN, H., *De lumière et d'ombre,* éditions la Revue de la céramique et du verre, 2009, p. 37 et 42-45.

HEINTZ, J., « Un concept élargi de l'art », *Tournant,* n°30, juillet 1994, p. 4-7.

HELLINGS, G., « Rudolf Steiner était également un artiste », in *: L'Esprit du Temps*, « Rudolf Steiner : un cosmos ! », printemps 2011.

JEANCLAUDE, G. : *Édouard Schuré, sa vie, son oeuvre*, Paris, Fischbacher, 1968.

KOEPPLIN, D., « Beuys aktualisiert Steiner », in : *Rudolf Steiner, Tafelzeichnungen, Entwürfe, Architektur,* Stuttgart, Tertium, Ostfildern, 1994.

KUGLER, W., « Vom Begreifen der Kunst zur Kunst des Begreifens », in : *Rudolf Steiner, Tafelzeichnungen, Entwürfe, Architektur,* Tertium, Ostfildern, 1994.

— « Denken in Bildern », in : *Notizbücher von Rudolf Steiner*, Tokyo, 2000.

— « Theosophie und Anthroposophie. Ein starkes Agens », in : *Die Lebensreform*, 2001/2002, Haeusser-media, Verlag Häusser, tome II, p. 113-124.

— « Die Steiner-Tafeln. Richtkräfte für das 21. Jahrhundert », in : *Rudolf Steiners Wandtafelzeichnungen*, Zürich, 1999.

KUSPIT, D., « Rudolf Steiner und Joseph Beuys », in : *Wandtafelzeichnungen,* Zürich, 1999.

MEYER, Th., « Nietzsche, Lebens-, Kunst- und Kulturbegriff », in : *Die Lebensreform,* 2001-02, tome I, p. 161-164.

OBERHUBER, K., « Das Geistige in der Kunst », in : *Rudolf Steiner, Tafelzeichnungen, Entwürfe, Architektur,* Ostfildern, Tertium, 1994, p. 62-68.

SAM, M.-M., « Augenblickliches Produzieren aus dem Geiste heraus. Die Wandtafelzeichnungen als Denkbilder », in : *Rudolf Steiners Wandtafelzeichnungen*, Zürich, 1999.

TEMKIN, A., « Les dessins de Joseph Beuys », in : catalogue *Joseph Beuys,* Paris, éditions du Centre Georges Pompidou, 1994, p. 57-65.

TENORTH, E., « Reformpädagogik und Waldorfpädagogik in der Gegenwart », in : *Die Lebensreform* 2001/02, Band 1, Haeusser-media, Verlag Häusser, p. 561-564.

WATARI, E., « *Notizbücher von Rudolf Steiner* », in : *Notizbücher von Rudolf Steiner,* Tokyo, Edited by Etsuko Watari and Walter Kugler, 2001.

ZANDER, H., « Theosophie und Anthroposophie », in : *Die Lebensreform,* 2001/02, Haeussermedia, Verlag Häusser, tome I, p. 433-436.

Table des matières

Préface 9
Introduction 11

Rudolf Steiner Artiste 17

Steiner et l'art 19
   L'enfance 19
   Les carnets 20
   Nietzsche, une rencontre importante 24
   La Théosophie 28
Steiner et Goethe 33
   La découverte de Goethe 33
   Une proximité spirituelle : l'art et la science 35
La rupture avec la Société théosophique 39
   Le concept de métamorphose 40
L'atelier 41
   Dornach 41
   La construction 42
   Un îlot actif pendant la Première Guerre mondiale 43
   Le Goethéanum 46
Le début du XXe siècle 49
   L'Art nouveau et le renouveau 49
   L'impressionnisme et l'expressionnisme 54
   Les colonies d'artistes 60
   Au Bauhaus à Weimar, Dessau et Berlin 62

À Worpswede, au nord de l'Allemagne ... 63
À Monte Verità — Ascona ... 65
L'expérimentation et la théorisation ... 67

De l'expérimentation à la transmission ... 73

La présence de la musique ... 75
La musique comme langage ... 75
Le lien avec les couleurs ... 77
Le lien avec les origines ... 81
Le Bauhaus : Kandinsky et Klee ... 86

Steiner et l'anthroposophie ... 95

Les conférences ... 97
Les dessins au tableau noir ... 103
L'engagement social ... 113
La création de l'école Waldorf ... 119
Lehmbruck, Beuys et Steiner ... 123
L'expérience de la sculpture ... 123
Rencontre avec l'œuvre du sculpteur Lehmbruck ... 123
La plastique sociale ... 125
La parole et le discours ... 128
Les installations ... 131

La transmission par l'art ... 137

Les expositions en France : un regard comparatiste ... 139
La redécouverte de Steiner ... 139
Les dessins au tableau noir ... 140
Les expositions ... 143
Le contexte français et la sculpture ... 148
L'art-thérapie ... 153
Les artistes thérapeutes ... 153

Un lieu social ... 158
Une attitude et un enseignement ... 164
Une façon d'être au monde ... 166
L'art accessible ... 169
L'art et la culture accessibles et démocratisés ... 169
Une question de transmission :
dialogue avec des artistes contemporains ... 173
L'art de la question ... 173
Je serai le passeur ... 174
Transmettre une recherche de la vérité ... 177
Transmettre par imprégnation ... 178
Transmettre, c'est éveiller ... 180
Transmettre, c'est établir des ponts ... 181
Un intérêt et un désintérêt,
un engagement et une motivation ... 183
Une question de pédagogie ... 186
Bibliographie ... 197
Écrits de Rudolf Steiner ... 197
Conférences de Rudolf Steiner ... 198
Catalogues ... 204
Articles, essais et témoignages ... 205